Mit den Füßen beten

Michael Kessler (Hrsg.)

MIT DEN FÜSSEN BETEN
Ein Pilgerbuch

Schwabenverlag

2. Auflage 1999

Alle Rechte vorbehalten
© 1999 Schwabenverlag AG, Ostfildern

Umschlaggestaltung: Klaus Dempel, Stuttgart
Umschlagbild: © Paul Bernhard Groll, Lauchheim
Layout: Wolfgang Sailer, Schwabenverlag
Satz: Schwabenverlag AG, Ostfildern
Herstellung: Süddeutsche Verlagsgesellschaft, Ulm
Printed in Germany

ISBN 3-7966-0951-1

Inhalt

Vorwort zur zweiten Auflage

Innerhalb weniger Monate ist nun bereits eine zweite Auflage des Pilgerbuchs „Mit den Füßen beten" erforderlich geworden. Das zeigt – worüber ich mich sehr freue – daß dessen Konzeption, Inhalt und Ausstattung im ganzen wohl für gut und hilfreich befunden werden. Deshalb werden für die Neuauflage auch keine gravierenden Änderungen vorgenommen, sondern vor allem offenkundige Fehler korrigiert. Hinzugefügt werden ferner eine Reihe von Ergänzungen. Schließlich wird bei einigen Liedern auf gebräuchlichere Melodien zurückgegriffen. Die im Vorwort zur 1. Auflage gegebenen Hinweise zu Anlage und Gebrauch behalten weiterhin Gültigkeit; deshalb wird dieses erneut mit abgedruckt.

Pfarrer Hans Peter Bischoff und Pastoralreferent Wolfgang Dettling aus Heubach sowie Wolfgang Schneller, dem Leiter des Cursillo-Hauses St. Jakob in Oberdischingen, danke ich an dieser Stelle für ihre Hinweise zur Korrektur.

Rottenburg, im Juli 1999   *Michael Kessler*

Vorwort zur ersten Auflage

„Mit den Füßen beten" ist ein Pilger- und Wallfahrtsbuch, ein geistlicher Wegbegleiter. Es soll ein Mitnehm-Buch für Pilger sein, das sie unterwegs benutzen können.

In erster Linie ist „Mit den Füßen beten" tatsächlich ein Gebet- und Gesang-Buch. Zu diesem

Zweck bietet es in seinen verschiedenen Teilen ein breites Spektrum von biblischen, geistlichen, liturgischen und meditativen Elementen und Formen, dazu schöne alte Kirchenlieder und beliebte neuere Gesänge. Grundgebete, Morgen-, Mittags-, Abendlob, Andachten, Litaneien, Marien- und die bekanntesten Jakobus-Lieder sind eigens zusammengestellt zu dem Zweck, das Mit-Beten und Mit-Feiern jedem/jeder zu ermöglichen, ohne daß andere Bücher oder Materialien mitgenommen werden müssen. Zugleich gibt es damit konkrete Anregungen in Fülle für die geistliche Vorbereitung und Gestaltung von Pilger- bzw. Wallfahrtswegen.

Zugleich ist „Mit den Füßen beten" auch ein Lese-Buch. Die „Einleitung" thematisiert das Pilgern und Wallfahren im Kontext von Jahrtausendwende, europäischer Einigung und geistlicher Neuaufbrüche am Beispiel der Jakobus-Wallfahrt, wozu biblische Zeugnisse, Legenden und Elemente aus Kunst- und Frömmigkeitsgeschichte zusammengestellt wurden. Ein eigenes Kapitel „Zur Spiritualität des Pilgerns", ergänzt um einige praktische Hinweise, beschließt diesen Teil.

Zu den wichtigsten „Stationen" eines Pilgerwegs – Aufbrechen, Unterwegssein, Ruhe und Rast, Natur, Schwieriger Weg – Irrweg, Begegnung, Besuch – Besuchung – Einkehr, Ankommen und Abschied nehmen – bietet „Mit den Füßen beten" jeweils einen geistlich einstimmenden Text; angeschlossen sind dazu geistliche Lieder, Psalmen, biblische Texte, Gebete, literarische und poetische Texte sowie Volks- bzw. Wanderlieder. Jede dieser Einheiten schließt mit einem „Vers", der für die folgende Wegstrecke als Memo zum wiederholenden Beten und Bedenken verwendet werden kann.

Ergänzend hinzu bringt „Mit den Füßen beten" Impulse für eine „geistliche Heimatkunde" und Erfahrungsberichte, die sowohl für die Vorbereitung der Wegplanung als auch für die konkrete Gestaltung eines Pilgerweges anregend sein werden.

Durch Literaturhinweise und differenzierte Register ist „Mit den Füßen beten" zugleich ein Arbeits-Buch.

Eingebundene Leerseiten für persönliche Aufzeichnungen und Ergänzungen machen aus „Mit den Füßen beten" ein praktisches Notiz- und Tagebuch für Pilger.

Die graphische und künstlerische Gestaltung, die Paul Bernhard Groll zu verdanken ist, zieht einen verbindenden Faden durch „Mit den Füßen beten". Die Einzelbilder zu den „Stationen" eignen sich zugleich als zeitgemäße Meditations- und Denkbilder.

Gesamthaft ist „Mit den Füßen beten" so als Einladung zu verstehen, Pilgerwege als Wege der Selbst-, der Gemeinschafts-, der Gotteserfahrung zu gestalten und gemeinsam zu gehen. Ein altes spanisches Emmaus-Bild, ein Steinrelief im Kreuzgang von Silos aus dem 11. Jahrhundert, stellt Jesus zwischen den beiden Jüngern als Jakobspilger dar. Die Erfahrung, daß, wenn Menschen miteinander gehen, sprechen, schweigen, schauen, singen, beten und teilen, noch ein anderer mit ihnen auf dem Weg ist, einer, der das Herz brennen macht, bezeugen mit den Jüngern Jesu ungezählte Pilger in Geschichte und Gegenwart. Daß „Mit den Füßen beten" vielen dazu helfen möge, selbst diese Erfahrung machen zu dürfen, ist mein Wunsch, den ich dem Buch mit auf den Weg gebe.

Rottenburg, im Januar 1999   *Michael Kessler*

Einleitung

Auf dem Weg ins 3. Jahrtausend

Nur noch eine kurze Frist trennt uns von der Jahrtausendwende. Für die Christenheit wird dies zur Herausforderung für das ökumenische Grundbekenntnis, „daß unsere Zeitrechnung sich mit dem Namen Jesu Christi verbindet und deshalb auch einer neuen Epoche Hoffnung in seinem Namen anzusagen ist" (Dietrich Werner): Den christlichen Glauben in Gemeinschaft leben, feiern und bezeugen im Gehorsam gegen Gott und in Liebe zu den Menschen und seiner ganzen Schöpfung.

In seinem Apostolischen Schreiben *Tertio Millennio Adveniente* (1994) hat Papst Johannes Paul II. an die Christen in aller Welt den eindringlichen Appell gerichtet, das Jahr 2000 als Kairos zu erkennen, sich geistlich auf das Ereignis der Jahrtausendwende vorzubereiten und gemeinsam Zeugnis für das Wirken des lebendigen Gottes in dieser Welt zu geben.

Die deutschen Diözesen haben diesen Impuls durch Gestaltung des Zeitraums 1997–1999 als Vorbereitungsjahre aufgegriffen: als *Weg mit Christus im Heiligen Geist zum Haus des Vaters*.

Dementsprechend sind auch in der Diözese Rottenburg-Stuttgart geistliche Schwerpunkte gesetzt: 1997 Gott wird Mensch – Christus erkennen; 1998 Gottes Geist wirkt in der Welt – Zeichen der Hoffnung wahrnehmen; 1999 Gott liebt das Leben – Spuren suchen und deuten; 2000 Gottes Reich ist unter uns – Feiern und aufbrechen. Der Weg- und

Gemeinschafts-Charakter des Glaubens findet in der Praxis des Pilgerwegs und der Wallfahrt sinnfälligen Ausdruck. Nach den beiden Diözesanwallfahrten zum Grab des Diözesanpatrons, des heiligen Martin von Tours (1997), und zu den Gräbern der Apostel Petrus und Paulus in Rom (1998) bildete der im Jakobus-Jahr 1999 unter dem Motto *Gott liebt das Leben – Spuren suchen und deuten* nach Art einer Sternwallfahrt durchgeführte *Diözesane Wallfahrtstag* in der Basilika Sankt Martinus in Ulm-Wiblingen einen weiteren Schwerpunkt. Im Jahr 2000 werden diese Akzente weitergeführt, um in das ökumenische Christentreffen am Pfingstmontag in der Europastadt Strasbourg einzumünden.

Pilgerschaft und Wallfahrt sind selbst von Anfang an Symbol für das christliche Welt- und Menschenbild. In der Nachfolge Christi, auf den Wegen Gottes, suchen Christen, wissend, daß ihnen hier keine bleibende Stätte bereitet ist, das Künftige; durch Umkehr und Buße finden sie die Wahrheit und gelangen in die Neuheit des Lebens, von der sie künden, weil sie die wahre und letzte Bestimmung aller Menschen und der ganzen Schöpfung ist. Weg – Wahrheit – Leben: das ist aktueller denn je.

Gerade heute suchen viele Menschen im Getriebe und in den Zwängen des Alltags neu nach dem wahren, dem echten Leben, nach Quellen ganzheitlichen, geistigen, ja geistlichen Lebens, nach Oasen der Stille und Konzentration, nach Orten des Schweigens, nach einfachem Lebensstil und neuen Formen der Lebensgestaltung, jenseits von Konsum, Kommerz und Entertainment. Dabei finden alte und ehrwürdige Formen, Traditionen und Vollzüge überraschend neue Wertschätzung.

Insbesondere die Wiederentdeckung und Neube-
lebung traditioneller Pilger- und Wallfahrtswege
seit einer Reihe von Jahren sowie vielfältige, ähn-
liche, neue Projekte und Initiativen eines *Betens
mit den Füßen* sprechen diesbezüglich eine deutli-
che Sprache.

Möglicherweise wird dies, über den Anlaß der
Jahrtausendwende hinaus, zum Indiz eines kon-
fessorischen, evangelisierenden Neuaufbruchs der
europäischen Christenheit über die Grenzen der
Nationen und Konfessionen hinweg – und vielleicht
zum Impuls für viele Menschen, sich neu oder erst-
mals diesen „Leuten des Weges", wie die Christen
in der Apostelgeschichte genannt werden, anzu-
schließen.

Europäische Perspektiven

Der Europarat hat den Jakobsweg im ganzen zum
europäischen Kulturgut erklärt und unter Schutz
gestellt. Mit seiner in Santiago de Compostela am
23. Oktober 1987 publizierten Deklaration unter-
streicht er ausdrücklich die Verbindungslinien und
Perspektiven, die sich von der großen Wallfahrt des
Mittelalters in die Gegenwart zeichnen lassen:

*Die Dimension der Menschenwürde in der Ge-
sellschaft, die Ideen der Freiheit, der Gerechtigkeit
und des Vertrauens in den Fortschritt sind Grund-
lagen, die geschichtlich die verschiedenen Kulturen
gemeinsam formten, aus denen heute die ureigene
europäische Identität besteht.*

*Diese kulturelle Identität wird und wurde mög-
lich durch die Existenz eines europäischen Raumes
mit gemeinsamer Geschichte und mit einem Netz*

von Verbindungswegen, die Entfernungen, Grenzen und Sprachen überwinden konnten.

Der Europarat regt nun die Wiederbelebung eines dieser Wege an: „Der Weg, der nach Santiago de Compostela führte – wegen seines höchst symbolischen Wertes für die Entstehung Europas.[...] Möge der Glaube, der die Pilger im Lauf der Geschichte bewegte und der sie im gleichen Sinn zusammenführte – über alle Verschiedenheiten und nationalen Interessen – auch uns in dieser Zeit antreiben, besonders auch die Jugendlichen, weiter diese Caminos zurückzulegen, um so eine Gesellschaft zu bauen, die gegründet ist auf Toleranz, Ehrfurcht vor dem Mitmenschen, auf Freiheit und Gemeinschaftsbewußtsein.

Die Begeisterung für die Wallfahrt nach Santiago de Compostela zum Grab des Apostels Jakobus (d. Ä.) ist in den letzten Jahren ständig im Wachsen begriffen. Im Jahre 1998 sind über 70 000 Pilger zu Fuß, zu Pferd und mit dem Fahrrad in Santiago angekommen – die nach Millionen zählende Schar von Reisenden, die mit Unterstützung touristischer Unternehmen in Bussen oder Privatfahrzeugen dorthin gelangte, nicht ohne vielleicht die eine oder andere kürzere Strecke auch zu Fuß zurückzulegen, ist dabei nicht berücksichtigt. Allenthalben werden heute wieder *Jakobswege* begangen. Der große mit seinen vier Hauptrouten durch Frankreich und den beiden sich in Spanien schließlich vereinigenden Routen, innerspanische und portugiesische Wege ebenso wie die großen und regionalen Routen in Deutschland, Österreich, der Schweiz, Italien, Skandinavien, Großbritannien und neuerdings erst der Länder Ost- und Mitteleuropas, Wege, die Europa durchziehen wie ein gewaltiges Flußsystem, ein reich verästeltes Adernetz, sind neu erforscht und beschrieben, in zunehmendem Maße auch beschildert worden; letzteres gerade auch hier bei uns im deutschen Südwesten, einer historisch bedeutsamen Durch- und Ausgangsregion.

Die Wallfahrt zum Grab des Apostels Jakobus im äußersten Nordwesten Spaniens ist fast von Anfang an, seit die Kunde von der Entdeckung des Grabes sich Ende des 9. Jahrhunderts auszubreiten begann, ein gesamteuropäisches Phänomen. Der Liber Sancti Jacobi aus dem 12. Jahrhundert nennt 75 Herkunftsvölker der Pilger. In gewisser Hinsicht kann man sagen, die Anfänge Europas und die Anfänge der Santiago-Wallfahrt gehen ineinander über. Seitdem sind, vom Mittelalter bis heute, Abermillionen von Pilgerinnen und Pilgern aus allen europäischen Regionen – angefangen von der Iberischen Halbinsel, über Frankreich, England und Irland, Italien, Nord-, Mittel- und Osteuropa, und heute praktisch aus aller Welt – den Jakobsweg gegangen. In geschichtlicher Zeit entstand eine gewaltige Infrastruktur aus Wegen, Wallfahrtsorten und -kirchen am Wege, Ortschaftsgründungen, Pilgerherbergen, Straßen, Brücken, Spitälern und Bruderschaften der Zurückgekehrten mit eigenen Häusern, Kapellen, Kirchen und Einrichtungen der Kranken- und Armenpflege. Insbesondere Spanien verfügt bis zum heutigen Tag über ein durchgängiges Herbergsnetz, in dem Pilger, die zu Fuß, zu Pferde oder mit dem Rad unterwegs sind, kostenlos oder gegen geringes Entgelt Unterkunft finden. So ist der „Sternenweg" nach Santiago Symbol eines Völker und Kulturen verbindenden Europa von Anfang an und für heute neu.

Einst wurde der europäische Mensch, in der sich mit der Pilgerschaft verbindenden Perspektive der

Nachfolge Christi, zum Homo viator; neben Jerusalem und Rom wurde das Grab des hl. Jakobus in Santiago zum dritten großen Wallfahrtsziel und stieg rasch zum Rang eines „Jerusalem des Westens" für die europäische Christenheit auf. Im Hin und Her der Wege erfolgte ein intensiver kultureller, geistiger und religiöser Austausch: Bau- und Bildkunst, Literatur und Wissenschaft, neue Formen der Frömmigkeit, aber auch politische und wirtschaftliche Beziehungen formten sich, durch Kontakt und Kontrast, zu einem multikulturellen Begegnungs- und Beziehungsgeflecht von einmaliger Dichte und Fruchtbarkeit. Die zahllosen religiösen, kirchlichen, liturgischen, künstlerischen, architektonischen und kulturellen Zeugnisse und Monumente entlang des Wegesystems, die historischen Pilgerführer und -berichte sowie eine große Zahl von Dokumenten geben dazu faszinierenden Aufschluß.

Gerade im Zusammenhang mit der Vorbereitung auf den Jahrtausendwechsel ist die Idee der Pilgerwege wirksam und inspiriert, zumal im Kontext des vereinigten Europa, zu einer Fülle von Projekten und Initiativen. Zu erwähnen sind: die große Sternwallfahrt der Landseelsorge in der Erzdiözese Freiburg nach Santiago de Compostela im Frühsommer 1999; das europäische ökumenische Großprojekt *European Millennium Pilgrimage 2000+* mit fünf Höhepunkten in der Zeit zwischen Advent 1999 und Pfingsten 2001 (Griechenland, Norwegen, Rumänien, England, Tschechische Republik) und dem ökumenischen Pilgertreffen Pfingstmontag 2000 in Strasbourg sowie einer Fülle von Anschlußinitiativen (Dänemark, Norwegen, Schweden, Finnland, Baltikum, Rußland, Irland, Großbritannien, Österreich, Deutschland, Italien, Spanien, Frankreich);

das geplante Gebetstreffen der Religionen in Jerusalem 2000; die *Misereor-Hungertuch-Wallfahrt* im Kontext der thematischen Fastenaktion 1999 mit dem Schwerpunkt Schuldenkrise/Schuldenerlaß; die Frauen-Pilgerbewegung *Unterwegs für das Leben* und die *Pilgerwege zu ökumenischen Versammlungen;* die Projekte *Mecklenburgischer Ökumenischer Pilgerweg, Pilgerweg 2000 – Region Ost; Pilgerweg Lüneburger Heide* im Rahmen der EXPO 2000; Pilgerwege im *Rhein-Main-Gebiet* zu Themen des konziliaren Prozesses. – All dies sind nur einige Beispiele aus einer Fülle von Pilger- und Wallfahrtsinitiativen, zu denen die regelmäßigen „klassischen" örtlichen, regionalen, überregionalen und Fern-Wallfahrten noch hinzuzurechnen sind, ebenso wie Abertausende von Pilgern, die aus eigener Initiative und häufig ohne engere kirchliche Bindungen die Stätten, Orte, Stationen und Wege der europäischen Christenheit – in wachsendem Maß nicht nur aus kunst- oder kulturgeschichtlichem, sondern gerade auch aus spirituellem Interesse – für sich neu entdecken, begehen, aufsuchen.

Biblische Zeugnisse

Im Neuen Testament werden verschiedene heilige Männer bzw. Apostel mit Namen „Jakobus" genannt: Der Herrenbruder, der Sohn des Zebedäus, der Sohn des Alphäus, der Verwandte einer Maria, der Vater des Apostels Judas. Man unterscheidet hauptsächlich – nach dem Zeitpunkt ihrer Berufung zu Jüngern – „Jakobus den Älteren" und „Jakobus den Jüngeren".

Letzterer, Sohn eines Kleophas und einer Maria
(vgl. Mk 15,40; Mt 27,56; 13,55), gilt als Bruder oder
Vetter Jesu. Ob er mit einem weiteren Jakobus,
Sohn eines Alphäus (vgl. Mt 10,3; Mk 3,18) (Mt
4,18–22; Lk 5,1–11), identisch ist oder ob es sich um
zwei verschiedene Gestalten handelt, ist umstritten.
In der lateinischen Kirche sind die verschiedenen
Textüberlieferungen zu einer Gestalt, eben „Jakobus den Jüngeren", dem „Herrenbruder" (vgl. Mk
6,3; Gal 1,19; 1 Kor 9,5; Joh 7,3.10) und – nach der
Flucht des Petrus – Haupt der Christengemeinde
von Jerusalem (vgl. Gal 1,19; 2,9.12; Apg 21,18)
verschmolzen; ob dieser auch als der Verfasser des
Jakobusbriefs gelten darf, ist umstritten. Jakobus
der Jüngere ist als „der Gerechte" in die Überlieferung eingegangen. Im Jahr 62 nach Christus wurde
er auf Anstiften des Hohenpriesters Ananus II.
gesteinigt (Flav. Jos. Ant. 20, 9, 1) und starb den
Märtyrertod. Sein Gedenktag ist der 3. Mai.

„Jakobus der Ältere" – auf diesen bezieht sich
die Tradition des Jakobswegs und der Jakobusver-
ehrung – gehört zur Gruppe der von Jesus zuerst berufenen Jünger. Die wichtigsten Zeugnisse, aus denen wir im Neuen Testament von ihm erfahren,
werden im folgenden wenigstens jeweils mit einer
Stimme angeführt; sie können auf diese Weise bei
Andachten und Gottesdiensten unterwegs verwendet und gelesen werden.

Von den genannten zuerst berufenen Jüngern
heißt es im Markus-Evangelium:

„Als Jesus am See von Galiläa entlang ging, sah
er Simon und Andreas, den Bruder des Simon,
die auf dem See ihr Netz auswarfen; sie waren
nämlich Fischer. Da sagte er zu ihnen: Kommt

her, folgt mir nach! Ich werde euch zu Menschenfischern machen. Sogleich ließen sie ihre
Netze liegen und folgten ihm. Als er ein Stück
weiterging, sah er Jakobus, den Sohn des Zebedäus, und seinen Bruder Johannes; sie waren im
Boot und richteten ihre Netze her. Sofort rief er
sie, und sie ließen ihren Vater Zebedäus mit seinen Tagelöhnern im Boot zurück und folgten Jesus nach" (Mk 1,16–20).

In unterschiedlicher Ausführlichkeit berichten
auch das Matthäus- und das Lukasevangelium (Mt
4,18–22; Lk 5,1–11) über diese Berufung; anders
schließlich auch das Johannesevangelium (Joh
1,35–51).

Jakobus und Johannes, der Lieblingsjünger Jesu,
sind Brüder; der Name ihres Vaters ist Zebedäus. Sie
gehören zu den Zwölfen, die Jesus einsetzt und aus-
sendet, das Reich Gottes zu verkünden, Kranke zu
heilen, Tote zu erwecken, Aussätzige rein zu machen
und Dämonen auszutreiben (vgl. Mt 10,1–8):

„Jesus stieg auf einen Berg und rief die zu sich,
die er erwählt hatte, und sie kamen zu ihm. Und
er setzte zwölf ein, die er bei sich haben und die
er dann aussenden wollte, damit sie predigten
und mit seiner Vollmacht Dämonen austrieben.
Die Zwölf, die er einsetzte, waren: Petrus – diesen Beinamen gab er dem Simon –, Jakobus, der
Sohn des Zebedäus, und Johannes, der Bruder
des Jakobus – ihnen gab er den Beinamen Bo-
anerges, das heißt Donnersöhne –, dazu Andreas,
Philippus, Bartholomäus, Matthäus, Thomas,
Jakobus, der Sohn des Alphäus, Thaddäus, Simon Kananäus und Judas Iskariot, der ihn dann
verraten hat" (Mk 3,13–19).

Neben Simon, dem Petrus, kommt den Brüdern Johannes und Jakobus in den Evangelien eine besondere Rangstellung zu. Dies verdeutlicht auch eine Jesus vorgetragene Bitte ihrer Mutter, Maria Salome, einer Verwandten Marias, der Mutter Jesu, (mit dieser und mit Maria Magdalena die dritte der namentlich genannten Frauen, die Zeuginnen der Kreuzigung waren – woraus in der christlichen Kunst die Drei-Marien-Gruppe entsteht):

„Damals kam die Frau des Zebedäus mit ihren Söhnen zu Jesus und fiel vor ihm nieder, weil sie ihn um etwas bitten wollte. Er fragte sie: Was willst du? Sie antwortete: Versprich, daß meine beiden Söhne in deinem Reich rechts und links neben dir sitzen dürfen. Jesus erwiderte: Ihr wißt nicht, um was ihr bittet. Könnt ihr den Kelch trinken, den ich trinken werde? Sie sagten: Wir können es. Da antwortete er ihnen: Ihr werdet meinen Kelch trinken; doch den Platz zu meiner Rechten und zu meiner Linken habe nicht ich zu vergeben; dort werden die sitzen, für die mein Vater diese Plätze bestimmt hat.

Als die zehn anderen Jünger das hörten, wurden sie sehr ärgerlich über die beiden Brüder. Da rief Jesus sie zu sich und sagte: Ihr wißt, daß die Herrscher ihre Völker unterdrücken und die Mächtigen ihre Macht über die Menschen mißbrauchen. Bei euch soll es nicht so sein, sondern wer bei euch groß sein will, der soll euer Diener sein, und wer bei euch der Erste sein will, soll euer Sklave sein. Denn auch der Menschensohn ist nicht gekommen, um sich dienen zu lassen, sondern um zu dienen und sein Leben hinzugeben als Lösegeld für viele" (Mt 20,20–28).

Beide, Jakobus und Johannes, zeigen großen missionarischen Eifer; sie werden auch „Donnersöhne" genannt (vgl. Mk 3,17):

„Als die Zeit herankam, in der er (in den Himmel) aufgenommen werden sollte, entschloß sich Jesus, nach Jerusalem zu gehen. Und er schickte Boten vor sich her. Diese kamen in ein samaritanisches Dorf und wollten eine Unterkunft für ihn besorgen. Aber man nahm ihn nicht auf, weil er auf dem Weg nach Jerusalem war. Als die Jünger Jakobus und Johannes das sahen, sagten sie: Herr, sollen wir befehlen, daß Feuer vom Himmel fällt und sie vernichtet? Da wandte er sich um und wies sie zurecht. Und sie gingen zusammen in ein anderes Dorf" (Lk 9,53–56).

Jakobus ist, stets zusammen mit Petrus und seinem Bruder Johannes, bei allen Schlüsselereignissen, die die Evangelien berichten, dabei. So auch beim reichen Fischfang:

„Als Jesus am Ufer des Sees Gennesaret stand, drängte sich das Volk um ihn und wollte das Wort Gottes hören. Da sah er zwei Boote am Ufer liegen. Die Fischer waren ausgestiegen und wuschen ihre Netze. Jesus stieg in das Boot, das dem Simon gehörte, und bat ihn, ein Stück weit vom Land wegzufahren. Dann setzte er sich und lehrte das Volk vom Boot aus. Als er seine Rede beendet hatte, sagte er zu Simon: Fahr hinaus auf den See! Dort werft eure Netze zum Fang aus! Simon antwortete ihm: Meister, wir haben die ganze Nacht gearbeitet und nichts gefangen. Doch wenn du es sagst, werde ich die Netze auswerfen. Das taten sie, und sie fingen eine so

große Menge Fische, daß ihre Netze zu reißen
drohten. Deshalb winkten sie ihren Gefährten
im anderen Boot, sie sollten kommen und ihnen
helfen. Sie kamen, und gemeinsam füllten sie
beide Boote bis zum Rand, so daß sie fast unter-
gingen. Als Simon Petrus das sah, fiel er Jesus zu
Füßen und sagte: Herr, geh weg von mir; ich bin
ein Sünder. Denn er und alle seine Begleiter waren erstaunt und erschrocken, weil sie so viele
Fische gefangen hatten; ebenso ging es Jakobus
und Johannes, den Söhnen des Zebedäus, die mit
Simon zusammenarbeiteten. Da sagte Jesus zu
Simon: Fürchte dich nicht! Von jetzt an wirst du
Menschen fangen. Und sie zogen die Boote an
Land, ließen alles zurück und folgten ihm nach"
(Lk 5,1–11).

Petrus, Johannes, Jakobus sind es auch, die zugegen sein dürfen bei der Erweckung der Tochter
des Jaïrus:

> „Als Jesus (ans andere Ufer) zurückkam, emp-
> fingen ihn viele Menschen; sie hatten alle schon
> auf ihn gewartet. Da kam ein Mann namens
> Jaïrus, der Synagogenvorsteher war. Er fiel Je-
> sus zu Füßen und bat ihn, in sein Haus zu kom-
> men. Denn sein einziges Kind, ein Mädchen von
> etwa zwölf Jahren, lag im Sterben.
>
> [...] Während Jesus noch redete, kam einer,
> der zum Haus des Synagogenvorstehers ge-
> hörte, und sagte (zu Jaïrus): Deine Tochter ist
> gestorben. Bemüh den Meister nicht länger!
> Jesus hörte es und sagte zu Jaïrus: Sei ohne
> Furcht, glaube nur, dann wird sie gerettet. Als
> er in das Haus ging, ließ er niemand mit hinein
> außer Petrus, Johannes und Jakobus und die

Eltern des Mädchens. Alle Leute weinten und klagten über ihren Tod. Jesus aber sagte: Weint nicht! Sie ist nicht gestorben, sie schläft nur. Da lachten sie ihn aus, weil sie wußten, daß sie tot war. Er aber faßte sie an der Hand und rief: Mädchen, steh auf! Da kehrte das Leben in sie zurück, und sie stand sofort auf. Und er sagte, man solle ihr etwas zu essen geben. Ihre Eltern aber waren außer sich. Doch Jesus verbot ihnen, irgend jemand zu erzählen, was geschehen war" (Lk 8,40–42.49).

Und wiederum sind es diese drei – Petrus, Johannes und Jakobus – die Jesus auf den Tabor, den Berg der Verklärung, mitnimmt:

„Etwa acht Tage nach diesen Reden nahm Jesus Petrus, Johannes und Jakobus beiseite und stieg mit ihnen auf einen Berg, um zu beten. Und während er betete, veränderte sich das Aussehen seines Gesichtes, und sein Gewand wurde leuchtend weiß. Und plötzlich redeten zwei Männer mit ihm. Es waren Mose und Elija; sie erschienen in strahlendem Licht und sprachen von seinem Ende, das sich in Jerusalem erfüllen sollte. Petrus und seine Begleiter aber waren eingeschlafen, wurden jedoch wach und sahen Jesus in strahlendem Licht und die zwei Männer, die bei ihm standen. Als die beiden sich von ihm trennen wollten, sagte Petrus zu Jesus: Meister, es ist gut, daß wir hier sind. Wir wollen drei Hütten bauen, eine für dich, eine für Mose und eine für Elija. Er wußte aber nicht, was er sagte. Während er noch redete, kam eine Wolke und warf ihren Schatten auf sie. Sie gerieten in die Wolke hinein und bekamen Angst. Da rief eine Stimme aus der

Wolke: Das ist mein auserwählter Sohn, auf ihn sollt ihr hören. Als aber die Stimme erklang, war Jesus wieder allein. Die Jünger schwiegen jedoch über das, was sie gesehen hatten, und erzählten in jenen Tagen niemand davon" (Lk 9,28–36; vgl. Mk 9,2–10; Mt 17,1–9).

Auch zum Ölberg und in den Garten Getsemani wird Jesus von diesen drei Jüngern begleitet:

„Sie kamen zu einem Grundstück, das Getsemani heißt, und er sagte zu seinen Jüngern: Setzt euch und wartet hier, während ich bete. Und er nahm Petrus, Jakobus und Johannes mit sich. Da ergriff ihn Furcht und Angst, und er sagte zu ihnen: Meine Seele ist zu Tode betrübt. Bleibt hier und wacht! Und er ging ein Stück weiter, warf sich auf die Erde nieder und betete, daß die Stunde, wenn möglich, an ihm vorübergehe. Er sprach: Abba, Vater, alles ist dir möglich. Nimm diesen Kelch von mir! Aber nicht, was ich will, sondern was du willst (soll geschehen). Und er ging zurück und fand sie schlafend. Da sagte er zu Petrus: Simon, du schläfst? Konntest du nicht einmal eine Stunde wach bleiben? Wacht und betet, damit ihr nicht in Versuchung geratet. Der Geist ist willig, aber das Fleisch ist schwach. Und er ging wieder weg und betete mit den gleichen Worten. Als er zurückkam, fand er sie wieder schlafend, denn die Augen waren ihnen zugefallen; und sie wußten nicht, was sie ihm antworten sollten, Und er kam zum drittenmal und sagte zu ihnen: Schlaft ihr immer noch und ruht euch aus? Es ist genug. Die Stunde ist gekommen; jetzt wird der Menschensohn den Sündern ausgeliefert. Steht auf, wir wollen gehen!

Seht, der Verräter, der mich ausliefert, ist da"
(Mk 14,32–42; vgl. Mt 26,36–46).

Jakobus wird schließlich von Paulus auch als
Zeuge der Auferstehung genannt:

> „Ich erinnere euch, Brüder, an das Evangelium,
> das ich euch verkündet habe. Ihr habt es ange-
> nommen; es ist der Grund, auf dem ihr steht.
> Durch dieses Evangelium werdet ihr gerettet,
> wenn ihr an dem Wortlaut festhaltet, den ich
> euch verkündet habe. Oder habt ihr den Glauben
> vielleicht unüberlegt angenommen? Denn vor al-
> lem habe ich euch überliefert, was auch ich emp-
> fangen habe: Christus ist für unsere Sünden ge-
> storben, gemäß der Schrift, und ist begraben
> worden. Er ist am dritten Tag auferweckt wor-
> den, gemäß der Schrift, und erschien dem Ke-
> phas, dann den Zwölf. Danach erschien er mehr
> als fünfhundert Brüdern zugleich; die meisten
> von ihnen sind noch am Leben, einige sind ent-
> schlafen. Danach erschien er dem Jakobus, dann
> allen Aposteln. Als letztem von allen erschien er
> auch mir, dem Unerwarteten, der ‚Mißgeburt'.
> Denn ich bin der geringste von den Aposteln; ich
> bin nicht wert, Apostel genannt zu werden, weil
> ich die Kirche Gottes verfolgt habe. Doch durch
> Gottes Gnade bin ich, was ich bin, und sein gnä-
> diges Handeln an mir ist nicht ohne Wirkung ge-
> blieben. Mehr als sie alle habe ich mich ab-
> gemüht – nicht ich, sondern die Gnade Gottes
> zusammen mit mir. Ob nun ich verkündige oder
> die anderen: das ist unsere Botschaft, und das ist
> der Glaube, den ihr angenommen habt" (1 Kor
> 15,1–11).

Im Jahr 44 nach Christus werden auf Befehl des Herodes Angehörige der Jerusalemer Gemeinde verhaftet und gefoltert. Jakobus, den Bruder des Johannes, läßt er enthaupten. So stirbt Jakobus als erster der Apostel den Märtyrertod:

> „Um jene Zeit ließ der König Herodes einige aus der Gemeinde verhaften und mißhandeln. Jakobus, den Bruder des Johannes, ließ er mit dem Schwert hinrichten. Als er sah, daß es den Juden gefiel, ließ er auch Petrus festnehmen. Das geschah in den Tagen der Ungesäuerten Brote. Er nahm ihn also fest und warf ihn ins Gefängnis. Die Bewachung übertrug er vier Abteilungen von je vier Soldaten. Er beabsichtigte, ihn nach dem Paschafest dem Volk vorführen zu lassen. Petrus wurde also im Gefängnis bewacht. Die Gemeinde aber betete inständig für ihn zu Gott" (Apg 12,1–5).

Damit sind die biblischen Zeugnisse über Jakobus erschöpft. Was im Anschluß entsteht – die Verehrung des Apostels und Märtyrers – ist ein Kranz der Legenden. Übrigens erhält Jakobus bereits in alten Überlieferungen den Beinamen ‚Jacobus supplantator‘, also ‚Ersetzer‘, weil er wie der alttestamentliche Jakob seinen Bruder Esau beim Erstgeburtsrecht ersetzte, an die Stelle aller in den Schriften des Neuen Testaments erwähnten Träger dieses Namens tritt.

Der Kranz der Legenden

Frommer Überlieferung zufolge steht die Jakobuskirche auf dem Jerusalemer Zionsberg genau an

der Stelle, an der der Apostel den Tod durch Ent-
hauptung fand. Eine andere Überlieferung berichtet, daß seine Gebeine durch Kaiser Justinian
zunächst den Mönchen vom Katharinenkloster am
Fuß des Sinai übergeben worden seien. Auf einer
Darstellung dort ist Jakobus, vor Mose kniend, zu
sehen – vielleicht eine Erinnerung an die Taborge-
schichte? Jedenfalls soll dort seine erste Ruhestätte
gewesen sein.

In der rasch einsetzenden Legendenbildung
kommt es zu einer neuerlichen Verschmelzung. Da
es einen Jakobusbrief gibt, wird davon ausgegangen, daß Jakobus als Missionar gewirkt habe. Dem
Apostel wird zunächst eine Evangelistentätigkeit in
Judäa und Samaria zugeschrieben, wofür auch die
spärlichen biblischen Zeugnisse Anhaltspunkte
bieten; erste Belege dafür finden sich bereits bei
Klemens von Alexandrien († 215). Weitere Legenden
schildern Jakobus als Missionsreisenden, der nach
der Himmelfahrt Jesu in Spanien gepredigt haben,
dann nach Jerusalem zurückgekehrt sein soll, um
schließlich, nach seinem gewaltsamen Tod, von seinen Jüngern Athanasius und Theodorus nach Spanien zurückgebracht zu werden; eine andere Vari-
ante berichtet davon, diese hätten den Leichnam
nur ins Boot gelegt, und ein Engel habe es dann
nach Spanien gesteuert. Nach Hieronymus, bei dem
sich im 4. Jh. diese Überlieferungen finden, soll es
eine Prophezeiung des Jakobus gegeben haben, des
Inhalts, er werde nach seinem Tod viele Ungläubige
bekehren.

Ein zureichender Grund solcher Legendenbil-
dungen ist in dem Bestreben der Selbstbehauptung
außerrömischer Kirchen und ihrer Ordnungen zu sehen. Dabei kommt es zu dem Erfordernis, alle Teile

der damals bekannten Welt mit der apostolischen Verkündigung und mit je einem der Apostel, gemäß dem Verkündigungsauftrag Jesu, in Verbindung zu bringen. Im Gedanken, daß jeder Apostel in dem Teil der Welt, den er evangelisierte, seine letzte Ruhestätte gefunden habe, kommt dies am deutlichsten zum Ausdruck („sortes apostolorum" – [An-]Teile der Apostel). Es geht, auch wenn solche Geschichten nicht „historisch" sind, nichtsdestoweniger um *Gründungsgeschichten,* die von großer geschichtlicher Wirkmächtigkeit sind, nämlich um den Nachweis der Apostolizität, und das heißt, der Legitimität und Selbständigkeit einer Orts- bzw. Landeskirche (heute würde man sagen: Nationalkirche) vom Ursprung her. Etwa seit dem 6./7. Jahrhundert festigt sich in zeitgenössischen Apostel-Brevieren, in denen solche Überlieferungen systematisiert und ausgemalt werden, die Überzeugung, daß der Apostel Jakobus d. Ä. der erste Verkünder des Evangeliums in Spanien gewesen – und der Verfasser des nach ihm genannten Briefes sei. In einer einflußreichen und weitverbreiteten Schrift, der „Legenda aurea" (Goldene Legende) des Jacobus de Voragine aus dem 13. Jh., die, dem Gang des Kirchenjahrs folgend, vor allem Erzählungen zu den wichtigsten, überregional verehrten Heiligen bietet, finden sich die verschiedenen Züge schließlich gesammelt:

> „Der Apostel Jakobus war Jakobus Zebedäi genannt; Bruder des Johannes; Boanerges, das bedeutet: Sohn des Donners und Jakobus Major. Er heißt Zebedäi Sohn nicht nur der Herkunft nach, sondern auch um der Bedeutung dieses Namens willen, denn Zebedäus heißt übersetzt ‚einer der gibt oder einer der geben wird' [...]. Er wird auch

Bruder des Johannes genannt, weil er nicht nur des Johannes leiblicher Bruder war, sondern weil er ihm in seinen Verhaltensweisen ähnelte, denn sie waren beide von gleichem Eifer, von gleicher Lernbegierde und begehrten dieselbe Verheißung vom Herrn [...]. Dieser Jakobus heißt auch der Ältere, wie der andere Jakobus der Jüngere genannt wird. Erstlich wegen seiner Berufung, denn er war früher von Christus auserwählt. Zum anderen wegen seiner tiefen Vetrautheit mit dem Herrn. [...]

Da nun Jakobus in Judäa das Wort Gottes predigte, sandte ein Zauberer, Hermogenes mit Namen, seinen Jünger Philetus zu Jakobus mit etlichen Pharisäern, der sollte ihn vor allen Juden überführen, daß er Lügen predige. Aber der Apostel überzeugte ihn vor dem gesamten Volk mit Vernunft und wirkte vor seinen Augen viele Wunder. Da kehrte Philetus wieder zu Hermogenes zurück und berichtete ihm, [...], daß er der Lehre des heiligen Jakobus folgen und sein Jünger werden wolle."

Nicht anders erging es dann dem Zauberer selbst; er ließ sich von diesem seinen Stab zum Schutze geben und brachte ihm die Zauberbücher zum Verbrennen.

„Abiathar aber, der Hohepriester des Jahres, entfachte einen Aufstand unter dem Volk und ließ Jakobus ein Seil um den Hals legen und vor Herodes Agrippa führen, der gebot, ihn zu enthaupten. [...] Nach seiner Hinrichtung nahmen seine Jünger heimlich bei Nacht den Leichnam aus Furcht vor den Juden, legten ihn auf ein Schiff, empfahlen die Bestattung ganz und gar

Gottes Weisheit, stiegen dazu und steuerten
nicht. Der Engel des Herrn geleitete sie gen Galicien. Dort landeten sie im Reich der Königin
Lupa. […] Sie sprach zu ihnen: ‚Gehet hin und
nehmt von meinen Rindern, die ich auf jenem
Berg habe, und spannt sie an den Wagen, so mögt
ihr den Leichnam eures Herrn herführen.‘ […]
Sie wußte wohl, daß diese Rinder ungezähmte,
wilde Stiere waren. […] Über den Stieren mach-
ten die Jünger das Kreuz; da kamen sie herbei,
zahm wie Lämmer, und die Jünger spannten sie
an und legten den Leichnam mitsamt dem Stein,
darauf er ruht, auf den Wagen und die Stiere zogen ihn von selbst ohne eines Menschen Führung
mitten in den Palast der Königin Lupa. Als sie
das sah, erschrak sie […] empfing den christlichen Glauben und weihte den Palast in die
Sankt-Jakobs-Kirche um" (Die Legenda aurea
des Jacobus de Voragine).

In dieser Textpassage – deswegen wird sie hier so
ausführlich wiedergegeben – sind die fünf Jakobus-
legenden, die mit der biblisch überlieferten Gestalt
Jakobus d. Ä. in Beziehung stehen, verbunden und
erweitert, wobei deutlich wird, daß die Spanien-Per-
spektive, ganz im Sinne des oben Gesagten – man
kann sagen: als *Übertragungslegende* –, besonders
ausgebaut ist. Zwar haben solche Erzählungen nicht
den Charakter eines Berichts von geschichtlichen
Fakten. Aber sie sind gleichwohl geschichtlich
äußerst wirksame Zeugnisse, in denen jedes Element
eine eigene, besondere Tiefenbedeutung gewinnt.
   Das gleiche gilt schließlich von der Gruppe der
sogenannten *Auffindungslegenden,* mit denen der
Nachweis für den „Besitz" eines Apostelgrabes ge-

führt wird. Dabei zeigt sich auch, wie verschiedene Arten von „Geschichten" miteinander verschmolzen werden zu einem Ganzen, das dann, eben als Ganzes, nicht bloß Geschichten erzählt, sondern, indem es erzählt wird, selbst geschichtsbildend wirksam wird. Heiligengeschichtsschreibung, mythologische sowie biblische und außerbiblische Erzählstränge und Elemente von regionaler (Vorrang eines Bischofssitzes) wie überregionaler (Karls-Legende) Bedeutsamkeit werden dabei zu einem äußerst vielschichtigen und kunstvollen Ganzen verwoben, das nicht nur hohe literarische Qualität besitzt, sondern, was noch wichtiger und folgenreicher ist, Wissens- und Überzeugungsqualität erlangt. Nicht „historische" Richtigkeit und Zuverlässigkeit, sondern Sinn erzeugende, dadurch einleuchtende, Ansprüche begründende, zugleich wirkungsvolle Zusammenhänge werden so hergestellt bzw. geschaffen, wobei es auch zu einem fortschreitenden Anwachsen der Stoffe kommt. Am Anfang dieser „Auffindungslegenden" mag eine Erzählung stehen wie die vom sogenannten „Fund des Pelagius": Ein Einsiedler dieses Namens aus San Felice hat eine Erscheinung. Ein Engel verkündet ihm, daß hier die Gräber des Apostels Jakobus und seiner beiden Begleiter lägen. Das Volk nimmt übernatürliche Lichterscheinungen wahr und benachrichtigt den Bischof Theodomir von Iria Flavia. Auch er sieht das Licht und findet schließlich an der bezeichneten Stelle das Apostelgrab; er oder der König erbaut über diesem eine Kirche. Das soll im Jahre 812 geschehen sein, kurz nach der Kaiserkrönung Karls des Großen.

Ob dieser Gleichzeitigkeit Bedeutung beizumessen ist, ist umstritten. Bereits ein Jahr später teilt ein Sendschreiben Papst Leos III. der Christenheit mit, daß das Grab des Herrenfreundes („Amigo del Señor") entdeckt worden sei. Immerhin wird bei Grabungen 1955 die Grabplatte des Theodomir, datiert 885, gefunden, aus deren Inschrift hervorgeht, er sei in einem Anbau der Apostelkirche bestattet worden. Ein späterer Grabsteinfund deutet darauf hin, daß auch einer der Begleiter des Jakobus, Athanasius, in der nämlichen Kirche bestattet worden sein könnte. Der einheimische Name des Auffindungsortes, „Mámoa", ist gleichbedeutend mit „Marmorbogen" – „Arca marmorica", deutet also auf eine römische Nekropole, die es dort auch gegeben hat.

Eine andere Legende schreibt den Grabfund, in merklicher Anlehnung an die biblische Erzählung der Geburt Jesu mit dem Hirtenfeld (Lk 2,1–20) und vom Stern, der die Weisen nach Betlehem führte (Mt 2,1–12), dem „Stern der Hirten" zu. Die heute als falsch geltende Erklärung des Ortsnamens „Compostela" aus „Campus stellae" (Sternenfeld) hängt damit zusammen.

Eine weitere Auffindungslegende erklärt auf andere Weise, wie der Leichnam des Jakobus dorthin gekommen sein soll: Zuerst sei er vor den Mauren (Muslimen) von sieben Heiligen nach Granada gerettet, dann, als dieses erobert zu werden droht, von Flüchtlingen mitgenommen, in Iria Flavia versteckt und eben durch Sternerscheinungen wieder gefunden worden.

In der mit Karl dem Großen verbundenen Legende des „Traums vom Sternenweg" schließlich kommen all diese Einzelzüge zu einem Ganzen verbunden vor: Jakobus erscheint Karl im Traum und fordert ihn auf, auf dem Sternenweg („via lactea" –

Milchstraße) zum Apostelgrab und dabei zugleich gegen die Mauren zu ziehen:

> „Ich wundere mich über die Maßen darüber, daß du mein Land noch nicht von den Sarazenen befreit hast, der du so viele Städte und Länder erobert hast. Darum tue ich dir kund, daß der Herr, der dich zum mächtigsten der irdischen Könige macht, dich vor allen anderen dazu erwählt hat, meine Straße zu bereiten und meine Erde aus den Händen der Almoraviden zu befreien. [...] Die Sternenstraße, die du am Himmel gesehen hast, bedeutet, daß du eine Heeresmacht zum Kampf gegen das ungläubige Heidenvolk, zur Befreiung meiner Straße und meines Grabes aus dieser Gegend nach Galicien ziehen sollst. *Und nach dir werden alle Völker, von Meer zu Meer wandernd und Vergebung ihrer Sünden vom Herrn erflehend, dorthin ziehen, und sie erzählen das Lob Gottes und seine Macht und die Wunder, die er tat. Sie werden ziehen von deiner Lebenszeit an bis zum Ende der Welt.“*

Die Geschichte entstammt demselben Werk, dem in Santiago aufbewahrten *Codex Calixtinus* aus dem 12. Jh., in dem auch der berühmte mittelalterliche Pilgerführer, der *Liber Sancti Jacobi* (Buch des heiligen Jakobus), enthalten ist. Doch wird, eben im Sinne einer Gründungslegende, in der zudem Karlskult und Jakobuskult (so, wie der Herr den Apostel beruft, beruft der Apostel den Kaiser) miteinander sich verweben und verschmelzen, diese patiniert und geadelt, indem sie zurückdatiert und einem Erzbischof von Reims, dem Roncesvallesveteranen Turpin aus dem 8. Jh., zugeschrieben (daher Pseudo-Turpin) wird. Ihr zufolge gilt Karl fortan als

Befreier Spaniens, als Entdecker des Grabes und als erster (prominenter) Pilger. Daß Karl der Große selbst das Grab des Apostels jemals erreicht hätte, ist mehr als fraglich. Sein Kriegszug gegen das maurische Spanien jedenfalls kommt bei Zaragoza zum Stehen. In der Sagen begründenden Schlacht von Roncesvalles (15. 8. 778) (Rolandslied) wird die Nachhut des schon wieder auf dem Rückweg nach Sachsen befindlichen Karl aufgerieben. Doch der Besuch der später dort errichteten Kapelle erhält selbst Wallfahrtsqualität: Es geht darum, Anteil zu gewinnen an jenem Gnadenstrom, der durch diese ungezählten Märtyrer erschlossen wurde, deren jeder als „Soldat Christi" („miles Christi") gefallen ist. Der Aachener „Karlsschrein", entstanden im 13. Jh., nach der Heiligsprechung Karls des Großen, gibt davon bildlichen Bericht. Die Verbindung mit der „Reconquista", der Rückeroberung Spaniens, die in der Vertreibung bzw. Vernichtung der Mauren Jahrhunderte später ihren deprimierenden Höhepunkt findet, macht aus San Yago den Maurentöter „Matamoro", der in der Schlacht von Clavigo (844) als ritterlicher Beistand den Christen auf einem Schimmel voranzieht und zum Sieg verhilft; natürlich eine Analogie zum reitenden, siegbereitenden Mohammed. Der Fall Santiagos am 11. 8. 997, bei dem Almanzur gleichsam das Mekka der Christenheit in Besitz nimmt und vernichtet, führt wohl auf seine Weise verschärfend jenen Wandel mit herauf, durch den sich die geistliche Pilgerfahrt zum militanten Gottesstreiter- und Spanienkreuzfahrertum (Ritterideal) verändert. Von daher entwickelt sich Jakobus zum Nationalheiligen Spaniens, der sogar noch bei der Eroberung Amerikas im 16. Jh. eine Rolle spielt. Spanien trägt zeitweise selbst den Na-

men „Jakobsland". Spanischer Nationalfeiertag
und Festtag des hl. Jakobus ist der 25. Juli; seit dem
12. Jh. wird, jeweils wenn das Fest auf einen Sonn-
tag fällt, ein „Heiliges Jahr" ausgerufen.

Den genannten Übertragungs- und Auffindungslegenden zur Seite treten zahlreiche *Wall-
fahrtslegenden,* die ihrerseits durch eine endlose
Reihe von Wunder-, Heilungs-, Reinigungs- und
ähnlichen Berichten Ergänzung und Fortsetzung
finden: Zu erwähnen sind das Galgen- und das
Hühnerwunder, in denen alte Erzählstoffe und andere Zuschreibungen (Santo Domingo) mit der
Jakobsüberlieferung verbunden werden, oder auch
die Geschichte von Jakobs Esel. In all diesen Dingen verschränkt sich freilich bereits die Suche nach
den Gründen für die Wallfahrt zum Grab des Apostels in Santiago de Compostela mit den Momenten
der Werbung für diese, so wie in der nachfolgend
frei berichteten Erzählung, die ebenfalls auf die
„Legenda aurea" zurückgeht:

> „In jener Zeit, als Theodomirus Bischof zu Com-
> postela war, lebte ein Italiener, der eine sehr
> schwere Sünde begangen hatte. Kaum daß er sie
> daheim zu beichten traute. Als er es schließlich
> doch tat, erlangte er die Lossprechung nicht,
> sondern wurde mit einem Zettel, auf dem sein
> Vergehen notiert war, nach Santiago gesandt.
> Dort solle er mit reuigem Herzen zum heiligen
> Apostel beten und die Buße auf sich nehmen, die
> der Bischof dort ihm auferlegen werde. Der Sün-
> der begab sich unverzüglich auf die Wallfahrt
> und erreichte Sankt Jakob in Galizien am 25.
> Juli, dem Fest des Apostels. Er betrat die Kirche
> in aller Frühe, bat Christus und den Apostel um

Vergebung und ließ seinen Zettel auf dem Altar zurück. Als der Bischof an den Altar trat, um die Heilige Messe zu feiern, fand er den Zettel und fragte, wer ihn hingelegt habe und warum. Der Büßer gab sich zu erkennen, bekannte öffentlich unter Tränen all seine Sünden und sagte, was ihm auferlegt worden war. Nun nahm der Bischof Theodemirus den Zettel in die Hand. Und siehe, was darauf geschrieben gestanden hatte, war getilgt. Alles brach in Jubel aus, dankte Gott und dem Heiligen ob des großen Wunders, das sie mit eigenen Augen gesehen hatten, und der Bischof selbst verzichtete darauf, dem Pilger eine weitere Buße aufzuerlegen. Dieser kehrte nach Hause zurück: von Sünden befreit. Und so wird es jedem Pilger ergehen, der aufrichtig bereut und den heiligen Jakobus aufsucht und um Hilfe bittet."

Nicht zuletzt bestimmte Erzählmotive im Zusammenhang mit der Jakobustradition, insbesondere etwa das „Gespannwunder", lassen auf keltische Einflüsse schließen. Tatsächlich gab es bereits in der Jungsteinzeit sowohl Kultstätten als auch Wallfahrtswege, z.B. eine Ost-West-Achse, die entlang des 42. Breitengrades von Galatien in Kleinasien bis nach Galicien (beides keltische Gründungen) im spanischen Nordwesten und ans Ende der Welt – finis terrae (Cap Finisterre) reichte und zu der es auch Parallelen (z.B. Mt. St. Michel – Chartres – Strasbourg – Süddeutschland) sowie Querverbindungen gab; möglicherweise verlaufen auch die späteren Jakobswege zum Teil auf solchen vor- und frühgeschichtlichen Pfaden. Zahlreiche Stätten, die in Verbindung mit astronomisch, archäologisch und

geomantisch ausgezeichneten Situationen zu sehen
sind, bilden ein heute neu erforschtes Verbindungs-
netz heiliger Orte und Stätten (z. B. die drei „Bel-
chen" im oberrheinischen Dreiländereck).

Ausgrabungen im Umfeld der heutigen Kathedrale in Santiago erbrachten Hinweise sowohl auf
ältere Grabstätten, als auch besonders auf die wohl
größte Nekropole Galiciens (3. Jh.), ein Gräberfeld,
das in der Folgezeit (6. Jh.) weiter verwendet wurde,
sowie auf römische Siedlungen und eine Römer-
straße. Möglicherweise gibt es Verbindungslinien
zwischen der Plazierung der Auffindung der Ja-
kobsreliquien bzw. des Jakobusgrabes und einer bereits bestehenden Verehrung älterer Gräber.

Als besonders folgenreich zeigt sich sicherlich
eine daran anknüpfbare Verbindung zwischen
Grabverehrung, heiligem Ort, Heiligem und der von
Galicien, der letzten christlich gebliebenen Provinz,
ausgehenden Rückeroberung Spaniens. Gerade das
Ritter-, auch Kreuzfahrertum, erfuhr von daher Impulse, die in ganz Mittel- und Nordeuropa aus-
strahlten. Auf diese Weise fand im Gegenzug der Jakobuskult vor allem in salischer und staufischer
Zeit, in letzterer auch durch seine Verbindung mit
der von Friedrich I. Barbarossa betriebenen Heiligsprechung Karls des Großen, enorme und nach-
haltige, d. h. kultur- und traditionsbildende Ver-
breitung; davon ist ja oben schon mehrfach die
Rede.

Jakobsbilder

In der Geschichte der christlichen Kunst wird Jakobus d. Ä. recht unterschiedlich dargestellt, je

nach dem, welchem seiner Charakteristika Ausdruck verliehen werden soll. Dabei kommt es durchaus auch zu Überschneidungen und Mischtypen.

Jakobus als *Apostel*: Tunika und Mantelüberwurf gelten als Aposteltracht. Buch und Schriftrolle charakterisieren den Evangelisten und Missionar. Bisweilen erinnert ein tauförmiger Stab nicht an den Pilger, sondern an den missionsreisenden Apostel.

Jakobus der *Märtyrer*: Der Heilige trägt das Schwert, das Werkzeug, durch das er das Martyrium erlitt.

Jakobus als *Bekenner/Glaubenszeuge*: Der Heilige steht – bisweilen sitzt er auch – ‚more romano‘, nach römischer Sitte, auf einem Löwen; er hat den Feind, der umhergeht wie ein brüllender Löwe, besiegt. Sitzend erscheint, flankiert von zwei Löwen, der Heilige auf dem Thron Salomos und/oder dem Bischofsstuhl, der als Apostelsitz („sedes apostolica") gestaltet ist.

Jakobus als *Pilger*: Hier sind zwei bemerkenswerte Linien zu beachten. Einmal nimmt, aber vergleichsweise zögernd, der Heilige die Attribute seiner Verehrer und Pilger an: Hut, Mantel, Tasche, Kalebasse, Pilgerstab (Kreuz) und Muschel. Zum anderen macht die symbolische Interpretation der Worte des Kleopas beim Emmausgang (Lk 24,18) Christus selbst zum „ersten" Pilger, der den Jüngern „in anderer Gestalt" (Mk 16,12) erscheint. Damit ist der Weg bereitet, Christus selbst als Jakobspilger mit Pilgertasche und Muschel darzustellen. Die Pilgerfahrt erscheint demgemäß als ein Vorgang der „peregrinatio cum Christo", des Mitgehens mit dem Herren; und in gleicher Weise wird der

Apostel nunmehr zum Mitgehenden mit den zu ihm ziehenden Pilgern, gleichfalls mit Pilgerstab, Pilgertasche und Muschel: Er selbst wird zum „bekanntesten" Pilger, zum „peregrinus notissimus". Darüber hinaus gibt es die Motivation der Wallfahrt um Christi willen („peregrinatio propter Christum"), die um der Evangelisierung willen erfolgt.

Jakobus als *Ritter*: Der Heilige reitet auf einem weißen Pferd, mit Fahne, Schwert oder Lanze, bisweilen in Rüstung, als Ritter bzw. Soldat („miles Christi"). Dazu gibt es zwei Hintergrundgeschichten: nämlich das Wunder von Coimbra, also die Eroberung der Stadt durch Ferdinand I. am 9. Juli 1064, dem Fest des hl. Christophorus, das nach Einführung des römischen Kalenders im Jahr 1080 sich auf den 25. Juli verschiebt und dadurch mit dem Festtag des hl. Jakobus zusammenfällt. Die andere Geschichte macht an der legendären Schlacht von Clavigo (844) fest, derzufolge Jakobus zum Sieger über die Mauren und zum Maurentöter („Matamoro") wird, in Parallele, wie schon angedeutet, zu Mohammed. Es gibt jedoch nicht nur martialische, sondern auch ideologische Gründe, die aus dem Heiligen einen Ritter machen; beide Legenden entstammen der Zeit um bzw. nach der Mitte des 12. Jhs. Das Kreuzzugideal des Mittelalters benötigt kriegerische Heilige. Solche sind – Georg, Mercurius und Demetrius, alle drei Schimmelreiter – vorwiegend morgenländischer Provenienz, bedürfen also, wenn man so sagen darf, einer westlichen Ergänzung, zumal sich Santiago zunehmend als das „Jerusalem des Westens" profiliert und Kreuz- und Ritterzüge nach Spanien an Attraktivität gewinnen und auch gewünscht erscheinen. Auf dieser Linie, die im 15. Jh. mit dem Ende der Reconquista einen neuerlichen Höhepunkt erfährt, basiert auch die Translation, die Übertragung des siegverhelfenden Ritters Jakobus in andere Krisensituationen: in die Eroberungskriegsgebiete der Neuen Welt (Amerika) und in die Situation der türkischen Bedrohung Europas. Mit der Rückprojektion ins Jahr 844, also vor die Grabauffindung, macht sich zudem ein nationales Interesse geltend, das hinzunehmen bereit ist, wie die Karls-Ideologie unterstellt, daß der Heilige zu seiner Entdeckung und Verehrung die Hilfe eines fremden Herrschers benötigt.

Jakobus als Patron

Der hl. Jakobus gilt in der Frömmigkeitsgeschichte als *Beschützer des Glaubens* und als *Helfer gegen den Unglauben.*

Dargestellt mit Pilgerhut, Pelerine, Pilgerstab, Tasche und Muschel wird er als *Vater aller Pilger* verehrt. Von daher wird er zum Fürsprecher und Patron der *Hutmacher.*

Ferner gilt er als Patron der *Apotheker* und *Wachszieher*; den Hintergrund dafür bieten diverse Wunder-Legenden.

Er gilt als *Wetterpatron*, weswegen er besonders in bäuerlichen Regionen gern verehrt und angerufen wird. Desgleichen wird er als *Erntepatron* verehrt und um eine selige Sterbestunde und einen guten Tod angefleht.

Zur Spiritualität des Pilgerns

Bild und Sinn des Weges

Das Bild des Weges und seine Symbolik gehören zum anthropologischen, ethischen und religiösen Urgestein menschlicher Daseinserfahrung und -deutung. Als Weg, der einen Anfang hat und ein Ende, das zugleich als Ziel deutbar ist, erscheint Menschen das Leben zwischen Geburt und Tod nicht als sinnleere Bahn und als trostlose Gesetzmäßigkeit, sondern als eine Suchbewegung und als ein Gang durch die Zeit mit Sinn- und Bedeutungsgehalt, ja Erlösungsdimension. Das Stichwort ,Sinn' selbst deutet dies an: seine Wortgeschichte, wie auch die des Verbes ,sinnen', macht die Beziehung zu ,Weg' deutlich: ,reisen', ,sich begeben', ,trachten nach', ,beabsichtigen', ,beachten', ,wandeln', aber auch ,empfinden', ,wahrnehmen', vielleicht auch ,senden'. Etwas oder jemandem ,nachspüren', ,auf die Spur kommen' bzw. ,eine Spur suchen' und etwas/jemandem ,auf der Spur bleiben' gehört wohl mit dazu.

In der Welt und Geschichte der Religionen, aber auch in der Philosophie, hat das Weg-Bild besondere Wertigkeit: als Aufstieg der Seele in die Welt des Göttlich-Ewigen, als Weg der Erkenntnis, der Erleuchtung, der Weisheit, als Weg zur und als Weg der Wahrheit, als Weg der Befreiung und Erlösung, der Überwindung des Irdischen, zumal des Leids, und schließlich des Todes, als Weg zur Unsterblichkeit. Es begegnet in fast allen großen Menschheitsreligionen: in der buddhistischen Lehre vom achtgliedrigen Pfad der Erlösung ebenso wie in der Lehre des Taoismus, ist doch Tao gleichbedeutend mit Weg; im hinduistischen ‚Weg der Handlung‘, der ein Weg der Befreiung durch Erkenntnis, Hingabe und Liebe ist, ebenso wie in der biblischen Religiosität des Alten und Neuen Testaments. Zugleich ist das Weg-Motiv aber nicht nur linear und zielgerichtet in Gebrauch, sondern auch doppelpolig: Im Bild von den zwei Wegen – zum Guten bzw. zum Bösen, zum Leben bzw. zum Tod, zum Heil bzw. zur Verdammnis – steht es zugleich als Sinnbild elementarer Zweideutigkeit und als Signal für den Entscheidungscharakter des Lebens. Mit dem Bild des Weges eng verbunden ist das Bild des Pilgerns, das gleichfalls zum Sinnbild irdisch-menschlicher Existenz im ganzen wird: als Auf- und Herausgerufenwerden, als Umkehr auf den rechten Weg, als Leben in der Fremde bzw. im Exil, als Unterwegssein zur letzten (ewigen) Bestimmung.

Pilgerschaft: Leben in der Fremde

Das Wort Pilger/Pilgerschaft deutet über das lat. Wort ‚peregrinatio‘ in diese Richtung, denn es bezeichnet das Sein, das Leben ‚in der Fremde‘, jenseits des eigenen Ackers (ager), und der Pilger (peregrinus) ist eben auch der rechtlose und vogelfreie Fremde, der Mensch im Exil. Fremd aber heißt von alters her auch soviel wie ‚elend‘. Elend und arm. Aus der Wahrnehmung der Schutzlosigkeit des Fremden entwickelt sich das Gebot der Gastfreundschaft, und sowohl die Bewegung *in die* Armut, die Bewegung *in der* Armut und die Bewegung *durch die* Armut werden im religiösen Kontext zu

ursprünglichen, ja ausgezeichneten Orten der Gottesnähe und Gotteserfahrung.

Im Raum biblischer Religiosität, in dem jüdi-
sche, islamische und christliche Komponenten sich
miteinander verbinden, wird Pilgerschaft (hebr.
,alah' – hinaufgehen) zum Elementarbild des Glaubens, des „guten und geraden Weges", der Rettung
verheißt und Gemeinschaft mit Gott. Der biblische
Gott wird erfahren als ein ,Gott des Weges', und
Weggeschichten sind es, in denen er sich kundtut als
Mitgehender: mit dem einzelnen, mit seinem Volk,
mit der Menschheit, ja mit der ganzen Schöpfung.

Der Prototyp: Abraham

Am Anfang der drei genannten Religionen – und
keiner von ihnen angehörend und gehörend – steht
eine prototypische Gestalt: der Mann aus Ur, Abraham, der ,Vater der Glaubenden'. Ein bedeutender
deutscher Schriftsteller unseres Jahrhunderts, Thomas Mann, beschreibt ihn als den ,Sinnenden', den
Innerlich-Beunruhigten, getrieben von einer Unruhe, die aus ,Gottesnot' bewegt wird zu ,innerer
Unbequemlichkeit' und ,Wanderung'. Abraham ist
der Prototyp des ,Aufbrechens', des ,Unterwegsseins
zu Gott'. Er ist der Typus einer elementaren ,Unbe-
haustheit', einer Unruhe und Beunruhigung, die ihn
zum ,Fremden' werden läßt auf Dauer, zu einem,
dem das Im-Exil-Sein gleichsam zur zweiten, zur
wahren Natur wird – nicht aus Unentschlossenheit,
sondern aus Treue. Abraham ist der, der wegziehen
muß auf bloße Verheißung hin: er muß seine Heimat
verlassen, sein Land; er läßt die Verwandtschaft
zurück mitsamt aller vertrauten Sitte, Kultur, Reli-

gion; er verläßt das Vaterhaus, die Familie, den
Clan, Erbe, Besitz, Geborgenheit. Und er ist und
bleibt fortan Fremder, Halbbürger, Landloser, ohne
festen Wohnsitz – selbst noch im verheißenen Land.

Ähnliches gilt für die Selbsterfahrung anderer
biblischer Patriarchen und schließlich des Volkes
Israel als ganzem, dem der Exodus, der Auszug aus
Ägypten und die Wüstenwanderung zur identitäts-
stiftenden Erfahrung wird – als pilgerndes Gottesvolk – und zum lebendig wirksam bleibenden
Gedächtnis der Gottesnähe, bis hinein in die Erfahrungen des zweiten Exils an den Wassern von Ba-
bylon und bis hinein in das Gebot der dreimal-jähr-
lichen Jerusalemwallfahrt und in die Vorstellung
der endzeitlichen Wallfahrt der Völker zum Zion,
auf dem ‚Heiligen Weg‘ hinauf nach Jerusalem, zum
Zelt Gottes, zum Haus Abrahams.

Die Muslime sehen in der Pilgerschaft Abrahams
das Vorausbild zur „Hidschra“, also zu Emigration
und Exil des Propheten Mohammed. Und so wird
auch im Islam der Pilgerstand zur Grunderfahrung.
Denn ist nicht gerade die „Hadsch“, die jedem Mus-
lim, ja schließlich gar allen ‚Menschen in aller Welt‘
gebotene Wallfahrt nach Mekka, dem ‚ersten Haus‘
Gottes, ein Ziehen zum ‚heiligen Platz Abrahams‘
und als solches die Pilgerschaft Elementarerfah-
rung der vor Gottes Angesicht alle Gegensätze auf-
hebenden und überwindenden Bruderschaft des Islam, dem Abraham das Vorbild im Glauben für alle
Menschen und ihr „Imam“, ihr Führer, ist?

In christlicher Perspektive wird Jesus selbst in
den Schriften des Neuen Testaments als Sohn Abrahams gesehen, und Abraham, der heilige Heide,
wird zur Symbolgestalt und Gründerfigur des wahren Glaubens, der nicht neu ist, sondern ein und

derselbe einst, jetzt und für immer. In den Jünger-
berufungen werden diese gerühmt, weil sie, alles
stehen und liegen lassend, den Weg der Nachfolge
beschreiten; das Muster – Abraham – ist bekannt.
Viele Geschichten, Gleichnisse und Worte Jesu in
den Evangelien zeigen ihn selbst und seine Anhän-
ger als Pilger, Wandernde und Fremde, heimatlos,
ohne Besitz und Ruhestätte, umherziehend, heilend
und das Reich Gottes ansagend. Lukas schildert Jesus als den göttlichen Wanderer, der in die Fremde
kommt als Gast mit Geschenken und die Menschen
mitnimmt auf den wahren Weg, der zum Himmel
führt. Im Johannesevangelium deutet Jesus sich
selbst, seine Sendung und sein Geschick im ganzen
als Weg, Wahrheit, Leben. Der Weg des Glaubens ist
ein Weg der Umkehr, der Reue und Buße; die Sache
des Glaubens wird in der Apostelgeschichte als der
,neue Weg' bezeichnet, die Christen als die ,Leute'
bzw. ,Anhänger des Weges' (vgl. Apg 9; 19; 22; 24);
in der Emmauserzählung gesellt der Herr sich als
Fremder zu den ratlos-verzweifelt ihres Wegs gehenden Jüngern – ein Motiv, das in der Kunst des
Mittelalters Jesus selbst in der Gestalt des (Sant-
iago-)Pilgers mit den Attributen Stab, Pelerine,
Flasche, Hut, Muschel zur Darstellung kommen
läßt. Der ,neue Weg', so erfahren wir aus der Verkündigung Jesu in den Evangelien, ist einer, der
herausführt aus den Banden des Blutes, der Ab-
stammung, des Herkommens, des Besitzes – genau
wie bei Abraham, weshalb die Christen gelegentlich
auch selbst ,Kinder Abrahams' genannt werden.
Nach dem Römerbrief des Paulus ist Abraham, weil
er ,gegen alle Hoffnung voll Hoffnung geglaubt' hat,
,unser aller Vater vor Gott', der Vater aller, die ,den
Weg des Glaubens gehen' (vgl. Röm 4). Den Korin-

thern macht er deutlich: ‚Als Glaubende gehen wir unseren Weg, nicht als Schauende' (vgl. 2 Kor 5). So wie Abraham ist Jesus ‚Anführer ins Leben' (Apg 3). Der Hebräerbrief stellt Abraham als Pilger dar, der aufgrund des Glaubens dem Ruf Gottes gehorcht und wegzieht, ohne zu wissen wohin; der als Fremder lebt im verheißenen Land und voll Glauben, wie die anderen Patriarchen, stirbt, als erster wie sie bekennend, daß sie Fremde und Gäste auf Erden sind (vgl. Hebr 11).

Christliche Existenz: Menschsein als Pilgerschaft

Abraham war, so sieht es die alte Kirche, Christ vor Christus. Und Christus selbst erscheint ihr gleichsam als das jetzt offenbar gewordene ‚Geheimnis des Abraham'. Was in der Geschichte Abrahams sich vollzog, wird betrachtet als Vorausdeutung, Vorausschattung des Lebens, des Wirkens, des Geschicks Jesu und seiner Jünger, als Bild christlicher Existenz und als Zeichen des Neuen Bundes in der Zeit der Kirche, die sich selbst – bis herauf ins Zweite Vatikanische Konzil – als das ‚pilgernde Gottesvolk' deutet und als die Stadt auf dem Berge, zu der, bewegt durch das Wort Gottes in der apostolischen Verkündigung, nun die Völker ziehen. Ihr Zeugnis, das Zeugnis der Apostel, Heiligen und Märtyrer, weist auf dieselbe Spur: Sie leben auf die kommende Heimat hin, fern von Haus, Familie, Vaterland; die Armut und Fremdheit Jesu nachahmend. Für das abendländisch-christliche Mönchtum wird das frei gewählte äußere wie innere Weggehen, die Absonderung im Sinne asketischer

Heimat- und Besitzlosigkeit, aber auch das Hinaus-
ziehen im Sinne missionarischen Wirkens (Fremd-
heit/Exil um Christi willen – peregrinatio propter
Christum) zum Lebens- und Glaubensideal in der
Nachahmung des Beispiels Christi und im Befolgen
der evangelischen Räte. Noch für Franz von Assisi
werden dabei, wie richtungweisend wohl bereits für
Martin von Tours, Armer und Pilger (pauper et pe-
regrinus) zusammen und durcheinander zum Bild
Christi, zum Ort der Gottesbegegnung und zum
Sinn-Bild christlichen Lebens in radikaler Nach-
folge. Im 20. Jahrhundert deutet der französische
Philosoph und Schriftsteller Gabriel Marcel den
Menschen überhaupt, weil unterwegs zu Gott, als
Pilger: Homo viator.

Aus all dem verdeutlicht sich, daß Pilgerschaft
und Pilgern, jenseits aller problematischen Formen
eines Wallfahrtswesens, die nicht erst Reformation
und Aufklärung, sondern bereits die Kirchenväter
mit Skepsis betrachten, Grunderfahrung und Deu-
tung menschlichen Daseins sind und die vielleicht
präziseste Interpretation dessen, was auf der Linie
biblischer Aussagen und Gestalten als ‚gläubige'
Existenz erscheint. Gläubigsein heißt, und darin
liegt der Wurzelgrund aller Spiritualität, sich in das
lebendige Abenteuer Gottes hineinziehen, sich von
ihm finden zu lassen, ein Abenteuer, das das eigene
Leben verwandelt, es öffnet und neu macht.

Sehnsucht

Vielleicht liegt in der Tiefe der Pilgerschaft die
Sehnsucht nach diesem Abenteuer. Eine Sehnsucht,
die aufs Ganze geht. Vielleicht ist sie undeutlich da,

nicht auf Konkretes gerichtet, aber doch unstillbar
beunruhigend. Ihre religiöse Tiefe kann verborgen
sein oder verschüttet und versperrt. Mitunter ist die
Sehnsucht nur eine der vielen Arten von Begehr-
lichkeit, die uns plagen. Ein Glücksverlangen oder
einfach eine Not. Zielgerichtet auf dies und das,
oder ganz diffus; eine Sucht, ein Verlangen nach
Mehr. Aber auch dann gilt: Was einen im Leben um-
treibt, hat auch im Glauben Bedeutung. Es ist eine
gute Kraft darin, auch wenn unser Wollen, unser
Wünschen, unser Vorstellungsvermögen in eine
ganz andere Richtung gehen mögen. Die gute Kraft,
die darin steckt, macht deutlich: unseren An- und
Umtrieben, unserem Verlangen nach mehr, liegt ein
Mangel zugrunde, der, wenn er nicht mit dem gestillt wird, was ihm gemäß ist, uns keine Ruhe läßt.
Ein Mangel auch, ein Hunger, ein Durst, die wir
nicht ohne weiteres selbst stillen können. Und die
Machtlosigkeit gegenüber dem, was uns so um-
treibt, schenkt vielleicht die Erfahrung der Bedürf-
tigkeit.

Hilfe

Das ist ein zweites Element: Wer erfährt, daß er be-
dürftig ist und *Hilfe* braucht, macht sich auf den
Weg. Er trennt sich von dem, was ihm bisher unerläßlich erschien oder unentrinnbar vorkam, weil es
ihm nichts (oder nicht mehr) hilft. So haben sich
manche auch vom Glauben getrennt, aus der gleichen Erfahrung, die umgangssprachlich in der
Wendung verkümmert: ‚das bringt's nicht‘. Auch
diese Art Trennung kann zur Wegerfahrung gehören. Dann sucht man anderswo. Aber man sucht

Hilfe. Und das ist nichts Verwerfliches, sondern etwas Legitimes, auch etwas ganz Eigenes, das einem
zunächst niemand abnehmen kann oder ruhigstel-
len, mit guten Ratschlägen oder Patentrezepten, zu
denen manchmal auch Drohungen gehören. Ich bin
es ja, der Hilfe braucht, und mir muß sie helfen,
nicht dem guten Gewissen der anderen. Und weil
Probieren über Studieren geht, fängt man alles
Mögliche an. Vielleicht sogar manches Unmögliche,
das einem dann erst recht zu schaffen macht. Die
Biographien der Heiligen, die echten, nicht die
fromm geschönten Biographien, sind voll davon: Sie
haben nicht zuerst gefunden und dann übers Suchen geredet oder geschrieben; sie haben Hilfe ge-
sucht, manchmal ein Leben lang, und aus dieser
Sucht heraus, aus ihrer Verzweiflung, brach ihnen
etwas auf.

Aufbruch

Ein drittes Element: das *Aufbrechen*. Das ist in aller Regel nichts Leichtes und Fideles. Es geht nicht
ums Losmarschieren dabei, nach Art des frohen
Wandersmanns. Wie kommt man heraus aus dem
Gewohnten, aus der Sorge, aus der Enge, aus der
Angst, aus der Verzweiflung, aus der Sucht? Man
muß ein Ende machen wollen. Und das ist häufig
eine Sache, die, wenn schon nicht ans Leben, dann
doch brutal ans ‚Eingemachte' geht. Oft freilich, das
erfährt jeder mehr oder weniger massiv, genügt der
eigene Wille nicht und auch kein guter Vorsatz, der,
wie das Sprichwort weiß, zu den Pflastersteinen jener Straßen gehört, die auch in die Hölle führen
können. Etwas muß zerbrechen, muß aufgebrochen

werden. In einem Gedicht begegnet der Satz: „Der Himmel übt an dir Zerbrechen." Das kommt einem ziemlich gnadenlos vor, oder mindestens als Zumutung. Aber solcher Zumutung bedarf es, um ausbrechen, um aufbrechen zu können. Es ist schwerlich allein zu schaffen. Denn was da heraus will, muß durch äußere und innere Mauern hindurch. Und oft sind die inneren die schwersten, denn an ihnen hat man selber mitgebaut, und ihre Fundamente reichen tief ins eigene Herz. Den Schmerz, den ihr Sprengen verursachen wird, merkt man beim bloßen Dranrühren, wie beim Massieren: Finger weg, ist die erste, ganz natürliche Reaktion. Aber ohne diesen Schmerz bleiben die Verspannungen und verhärten sich zur Lähmung.

Bewegung

Ein weiteres Element: *Bewegung*, das damit zusammenhängt. Es hat zunächst mit dem Wegbild zu tun. Nicht stehenbleiben, sondern sich bewegen, das ist, was einem zuerst dazu einfallen mag. Oder auch, daß einer etwas bewegen will. In einem Text des Philosophen Martin Heidegger kommt das Zeitwort vor: bewegen, aber in ganz eigenartiger Schreibweise, mit einem Trema und mit Bindestrich, so: be-wëgen. Man muß es aussprechen wie ‚Weg', mit süddeutsch-alemannischem Tonfall. Dann klingt es und will anzeigen, daß Bewegung Wege sucht, bahnt, erwägt, eröffnet. Aber Bewegung ist nicht bloß etwas nach außen Gewandtes; es gibt auch inwendige Bewegung. Sie hat den Charakter der Rührung; man ist bewegt, eine Sache, ein Wort, ein Mensch ist nah hinzielend für einen geworden, ist

einem zu Herzen gegangen. Auch das ist Bewegung:
daß man sich etwas zu Herzen gehen läßt und
nimmt. Vielleicht weiß man noch nicht wohin und
wozu, aber man spürt: das ist etwas Wichtiges, etwas Brauchbares, etwas Kostbares, auch wenn
man's nicht gleich verstehen und einordnen kann.
Von Maria, der Mutter Jesu, hören wir in der Weih-
nachtsgeschichte, daß sie so mit dem umgeht, was
ihr geschieht: „Sie bewegte alles, was geschehen
war, in ihrem Herzen und dachte darüber nach."
Die Dinge im Herzen bewegen, die Dinge und Menschen, die uns begegnen; sich nicht verschließen in
Ablehnung oder Bescheidwissen, sondern sie sich
nahegehen, sie an sich heran lassen: diese Art von
Bewegung gehört zur geistlichen Wegerfahrung so
zentral und so gut wie das Gehen selber, für das man
auch seinen Takt finden muß.

Schweigen

Mit dem Stichwort Takt begegnet uns ein weiteres
Element: das *Schweigen*. Schweigen ist mehr als
bloß den Mund halten, als aufhören zu reden. Viele
Menschen, die pilgern oder wallfahren, geben als
Grund an, daß „Orte der Stille" sie faszinieren. Das
braucht nicht immer ein Kloster, eine Kirche oder
Kartause zu sein; es kann auch in der Natur erfahr-
bar werden. Stets ist die Erfahrung der Stille etwas
Beeindruckendes. Das ist kaum verwunderlich in
einer Zeit und Welt, die voller Geräusche, voller
Lärm sind. So voll, daß man das Lauschen darin
verlernt. So durchdrungen, daß Stille, wenn sie
denn je einmal sich ereignet, geradezu als ‚laut'
empfunden wird, ungewohnt und beinahe abnorm.

Schweigen, das existentielle Ruhigwerden, ist aber etwas ganz Elementares und Ursprüngliches. Es ist die Voraussetzung der Sammlung. Sich sammeln und fassen, seine Mitte finden und seinen Takt, seinen Rhythmus, der nicht von außen dringt, sondern von innen schwingt, das muß erschwiegen werden, im Schweigen erlauscht und vernommen. Vieles entfaltet seine Kraft durchs Erschweigen, durchs Beschweigen. Aber wenn die Kraft da ist und das Herz voll mit ihr, dann wird, dann darf der Mund übergehen davon.

Sich mitteilen

Dann zeigt sich als nächstes Element: das *Sichmitteilen*. So, wie das Schweigen zur Erfahrung des Weges gehört, so gehört das Sichmitteilen dazu, wie das Aus- zum Einatmen. Das „Schnaufen" lernt man früh, denn es ist etwas Lebensnotwendiges. Aber die Erfahrung, daß einem die Luft wegbleibt, daß man außer Atem kommt, kennt jeder. Dann sind Ein- und Ausatmen durcheinander, gestört, und die Wirkung dieser Störung ist beklemmend, panikartig, manchmal umwerfend. Sich mitteilen ist eine Art Ausatmen. Man gibt von dem ab, was man empfängt. Man teilt etwas mit, man teilt sich mit, man teilt miteinander, und das Wunder dieses Teilens, dieses Hergebens, besteht darin, daß man nicht ärmer wird dadurch. Im Gegenteil: Man macht eine Werterfahrung, man erfährt sich bereichert. Erwin Kräutler, Bischof am Xingu in Brasilien, erzählt von den Armen in den Basisgemeinden: So wenig sie haben, sie teilen es miteinander, geistige und andere Nahrungsmittel, und werden satt davon. Sie ma-

chen diese Erfahrung: daß es für alle reicht, und
eben auch die andere: nämlich, wie reich sie miteinander sind. Dasselbe hören wir in der Evangelien-
geschichte mit den fünf Broten und den zwei Fi-
schen, mit dem Zweifel der Jünger und dem total
überraschenden Ergebnis: „Und alle aßen und wurden satt." Gott selbst, so kündet der Glaube, ist ein
Sich-Mitteilender, der Anteil gewährt an seiner inneren Seins- und Wesensbewandtnis. Sich mitteilen
ist ein göttliches, ein gottvolles Geheimnis. Ein anderes, ungewohntes, aber zum Bedenken einladen-
des Wort dafür heißt „Überantwortung". In ihm
stoßen wir auf den Wurzelgrund dessen, was Glaube
bedeutet und woher dem Glauben seine Sprache erwächst. Eine Sprache, die man Beten nennt.

Beten

Damit sind wir beim letzten Element: dem *Beten*.
Wie alles andere bisher will auch dies gelernt sein.
Gelernt im Sinne von geübt, praktiziert. Es kommt
nicht oder höchst selten von allein. Denn Beten ist
nicht gleich Plappern oder Hersagen von mehr oder
weniger frommen Texten. Es ist etwas ganz Persön-
liches, bei dem einer ganz dabei sein muß, sich
selbst hineingeben, hineinnehmen lassen muß. Und
es ist zugleich ein Vorgang des „Über-Hinaus": ein
Antritt, der nicht bei einem selbst endet; ein Auf-
blick, der nicht sich selbst im Spiegel hat; ein Antworten, in dem man sich preisgibt und überantwor-
tet. Die Sprache des Gebets ist eine Sprache des
Vertrauens und des Zutrauens. Wie sonst auch, sind
die zartesten Dinge die schwersten. Tatsächlich ist
die Sprache des Gebets häufig, vielleicht sogar we-

sentlich, eine Sprache der Not. Daß Not beten lehre, weiß das Sprichwort. Beten ist keine Form der Besprechung. Es ist ein Vorgang des Einsprechens. Man muß sich in es einsprechen, das heißt: seine Sprache finden und üben. Manchmal erfindet sie sich dann sogar, und es kommt etwas Neues und Eigenes dabei heraus. Manchmal, vielleicht öfter, ist man sprachlos. Auch diese Sprachlosigkeit, deren Grund Überraschung sein kann und Verzweiflung, Angst und Hoffnung, Freude oder Schmerz, gehört zum Beten. Was unwillkürlich über die Lippen geht, auch wenn sie fest geschlossen dabei bleiben, gehört dazu: ein Hilferuf, ein Verzweiflungsschrei, ein wortlos, sprachlos werdendes „Ich-kann-nicht-mehr", ein verhalten-drängendes Bitten, ein stiller Dank, ein stummes Lob, Einsprechen auf ein Gegen-über und Sich-hinüber-Sprechen in loslassender Überantwortung. Beten ist aber zugleich auch ein Miteinander. Mit dem Adressaten des Gebets, und mit den Betenden. Es ist wie mit der Sprache überhaupt, der Muttersprache, die wir als unsere Sprache sprechen und die uns doch nicht gehört und die wir nicht erfinden können. Obwohl wir es sind, die sie sprechen, als wäre sie unsere allein, spricht alles, sprechen alle in ihr mit, die sie je gebraucht haben und jetzt gebrauchen. Und manchmal sind noch andere, alte, ferne, fremde Sprachen darin, die wir nicht kennen und von denen wir doch Gebrauch machen. So auch beim Beten. Das Beten sei die Muttersprache des Glaubens, sagt man: Wer sie gelernt hat, kann sie nicht vergessen. Es gibt so etwas wie eine ganz und gar übernatürliche Natürlichkeit. Das „Beten ohne Unterlaß", zu dem Jesus auffordert, meint wohl so etwas. Nicht frommen Leistungssport. Sondern das nachvollziehende und

der Gemeinschaft der Glaubenden an den Lippen
hängende Erlernen dieser Muttersprache, die wir
sprechend bereichern und an der wir, wiederum
sprechend, selber reich werden: gesegnet mit dem
Reichtum aller anderen, von denen wir diese Sprache empfangen und den wir mitsprechend vermehren; und gesegnet, samt ihnen allen, vom Reichtum
dessen, der in ihr, verborgen, laut und leise, zu uns
spricht, sich uns zuspricht, mit uns spricht, in uns
mitspricht. Die „Leute des Weges" achten auf diese
Stimmen und üben sich in ihrer Sprache.

Praktische Hinweise und „Regeln"

Meist macht man sich nicht allein auf den Weg, sondern in einer Gruppe. Da gibt es sehr unterschiedliche Vorstellungen und Motive. Die einen wollen wandern, andere besichtigen, wieder andere pilgern und wallfahren. Darüber muß man sich verständigen. Ein frühzeitiges *Vorbereitungstreffen* – vielleicht sogar ein selbst geistlich gestaltbarer Klausurtag – dient solcher Verständigung und dem gegenseitigen Kennenlernen, aber auch ganz praktischen Zielen. Nachfolgend gesamthaft, aber natürlich ergänz- und erweiterbar einige Stichworte zur *Vorbereitung und Gestaltung*:

- *Information* (z. B.: zur Geschichte und Spiritualität des Jakobsweges allgemein; zur Geschichte der Orte und Stationen des geplanten regionalen Weges; zur Spiritualität des Pilgerns; Vergleichbares ggf. zu anderen Pilger- bzw. Wallfahrtswegen und –zielen; dazu können Erfahrene/Kundige eingeladen werden);
- *Kennenlernrunde* (die Teilnehmer/innen stellen sich vor; es ist denkbar, daß sie vereinbaren, sich während des Pilgerns mit Vornamen anzureden);
- *Motivationsklärung* (die Teilnehmer/innen tauschen sich über ihre Vorstellungen, Motive, Wünsche aus und verständigen sich darüber, welche Akzente sich miteinander vereinbaren lassen; auch, wie viel, welche Art, welche Formen von geistlichen Impulsen/Gestaltung bzw. anderen Elementen – s. u. – sie wünschen);
- *Ressourcenklärung* (Wer kann was? Wer kennt sich wo aus? Wer kümmert sich um was? Wer leitet – wann, bei was, wie lange? Wer hat welche

Erfahrungen oder Kompetenzen und Talente und will sie einbringen: Lesen von und Gehen nach Karten; landes-, kunst-, kulturgeschichtliche Kenntnisse; Beherrschung von Musikinstrumenten, z. B. Gitarre, Akkordeon, Maultrommel; Fähigkeit für Anleiten zum Singen; Erfahrung mit Leibes- bzw. Körperübungen; Erfahrung mit/Bereitschaft zur Gestaltung von Gebetszeiten bzw. Gottesdiensten; Kompetenz für seelsorgerliches Gespräch/Begleitung; Fähigkeiten für Arbeiten und Spielen mit Kindern; was können Kinder/Jugendliche selber beisteuern usw. – Grundsätzlich ist davon auszugehen, daß es, auch für die geistlichen Dinge, einen großen Reichtum an Ressourcen und Fähigkeiten gibt, den man besser heben, schätzen und zur Wirkung gelangen lassen soll, als gleich nach „Vormündern" zu suchen);

- *Zeit- und Wegplanung* (ein- oder mehrtägig; ggf. Quartierplanung; Gesamtdauer; Anfangsort – Zielort – wann kommt man an, wie kommt man zurück? Planung der Route – am besten in Rücksprache mit jemand, der die Wege kennt bzw. schon mal selbst gegangen ist: als Erfahrungswert kann gelten bei eintägigen Touren bzw. am ersten Tag einer mehrtägigen Tour nicht mehr als 20 km; Berücksichtigung der Teilnehmer: z. B. Kinder bzw. Alterszusammensetzung und Gehtauglichkeit der Gruppe; Planung der Etappen sowie großer/kleiner Pausen in Kenntnis der sich dazu eignenden Örtlichkeiten; Zielplanung: Wohin geht es insgesamt? Was liegt am Weg und soll einbezogen werden? Wie viele „Besichtigungen" werden gewollt und wen braucht man ggf. dazu, z. B. für eine Führung, usw. – vgl. auch: „Impulse und Anregungen", S. 288);

- *Ausrüstungsplanung* (nimmt jeder/jede alles mit, was er/sie unterwegs braucht oder werden manche Dinge für alle mitgeführt? Wer trägt was? Wer ist wofür zuständig und verantwortlich? Notfallplanung nicht vergessen; usw.);
- *Spirituelle Strukturierung* (1. Grundregel: *Vielfalt* – möglichst jede/r übernimmt dabei auch eine konkrete, zu vereinbarende Verantwortung; 2. Grundregel: *Konzentration* – weniger ist fast immer mehr; 3. Grundregel: *Rücksicht* – die „Schwächsten" bestimmen das „Tempo", beim Gehen und beim Beten und beim ökumenischen Miteinander; 4. Grundregel: *Übersicht* – möglichst klar strukturierende Akzente, daß man weiß, was, wann, wo und ggf. wer „dran" ist.

Gestaltung des Beginns: Statio/Aussendung/ Reisesegen – Tagesbeginn bei mehrtägigen Touren jeweils z. B. mit Morgenlob oder Meditation oder einfach mit Lied, Gebet, Betrachtung – *Ordnung des Gehens* „Beten mit den Füßen": nicht im wilden Haufen, nicht jede/n sich selbst überlassen, nicht weit auseinander, sondern rücksichtsvoll – *Wechsel bei der Leitung*: Vorgänger/Vorbeter/in für ein Weg- bzw. Zeitstück, abwechselnd, werden nicht überholt, tragen evtl. ein Symbol/Zeichen – *Beschränkung aufs Pilgerbuch*: ohne großes Extrazubehör an Zetteln usw. – *Gestaltung von Wegen, Stationen und Elementen*: Schweigezeiten unterwegs – Verse zum stillen Bedenken für unterwegs benützen bzw. Gebetsrufe, Psalmworte, Stoßgebete – paarweises Gehen im Gespräch (u. U. auch als Beichtgespräch mit einem Seelsorger) – Gehen mit gemeinsamem Beten/Singen – besondere Situationen vgl. Stationen; *Gestaltung von Gottesdienstzeiten und -formen*: vgl. Morgen-, Mittags-, Abendlob, Statio, Andacht, Wortgottesdienst, Bußgottesdienst; Eucharistiefeier: wo, wann, mit wem? Tagesabschluß/Abendlob und Ruhehalten danach – *Kirchenbesuch*: aufeinander warten, gemeinsam betend/singend einziehen; – *Gestaltung von Rast- und Essenszeiten*: besser „einfach" miteinander beten, teilen, essen und trinken als Pausen in Gasthäusern oder an Kiosken – *Gestaltung des Endes*: feierliches, evtl. prozessionsartiges Gehen schon des letzten Wegstücks vor oder zumindest dann bei der Ankunft am Ziel selber – Abschluß/Segen/Abschied.

Stationen

AUFBRECHEN

Im Wort aufbrechen steckt etwas Gewalttätiges. Wer aufbricht, muß etwas Vorhandenes zerstören, zerbrechen, muß mit etwas brechen, sich trennen von Vertrautem, sich von einem Ort oder einer Identität lösen, auch sich losreißen und aus Gewohntem und Alltäglichem heraustreten, ausbrechen. Aufbrechen beschreibt einen sichtbaren Ruck und ein hörbares Krachen. Aufbrechen tut in den Ohren und Knochen weh. Aufbrechen ist alles andere als ein harmloses Unterfangen. Die Sprache unterscheidet feinsinnig zwischen weggehen als alltäglichem Vorgang und aufbrechen als einer besonderen Handlung, in der Verheißung steckt, aber auch Schmerz.

Wer aus eigener Entscheidung aufbricht, sucht etwas. Ihn/sie treibt die Sehnsucht nach neuen Erfahrungen und neuen Orten. Was bisher Heimat bot, genügt nicht mehr. Ein Mensch macht sich auf die Suche nach Neuem, und vielleicht sucht er/sie sogar sich selbst. Wer aufbricht, läßt los, um wieder zu finden; bricht, um mitunter neu zu entdecken, womit gebrochen wurde. Aufbrechen eröffnet eine Findungsgeschichte, ein Findungsspiel um das eigene Selbst.

Manche Aufbrüche geschehen aus der Not des Verlustes. Gewohntes ist nicht ungenügend geworden, sondern abhanden gekommen. Der angestammte Ort bietet keine Heimat mehr, die erworbene Identität vermag nicht mehr zu tragen. Es kann sogar sein, daß Gott einem/r unter den Fingern zerronnen ist. Wer aus der Not aufbricht, hat kaum eine andere Wahl, und würde doch am liebsten bleiben. Für ihn/sie heißt aufbrechen, mit der Vorstellung brechen, daß es doch noch geht und so weitergehen könnte.

Die alttestamentliche Erzählung von Rut und Noomi ist eine solche Aufbruchgeschichte aus der Not. Zwar kehrt Noomi in ihre Heimat zurück, aber sie weiß, daß sie dort nicht mehr die sein wird, die sie war, und daß auch der Ort ein anderer geworden ist. In ihren Schicksalsschlägen ist ihr Gott fern und unbegreiflich geworden. Trotzdem wird aus ihrem Aufbruch eine Findungsgeschichte, weil sie alles aus dem Neuen – symbolisiert in Rut – erhofft und gewinnt.

Andere Aufbrüche geschehen durch Anstiftung. Da kommt ein Mensch oder ein Wort, und schon ist man unruhig, gerät in Bewegung. Ein Ruf ergeht, und man will folgen und macht sich auf, sogleich, ohne zurückzuschauen und ohne abzuwägen. In den Berufungsgeschichten der Evangelien ist oft und eindringlich von solchem sofortigen Aufbrechen die Rede.

Aus welchen Gründen auch immer, aufbrechen gelingt nur, wenn man bereit ist zu brechen und daher alles aus dem Aufbruch selber, aus dem Neuen und Offenen erwarten muß. Das Leben braucht diese Spiele von Verlieren, Loslassen und Finden, um lebendig zu bleiben. Und der Glaube braucht sie auch.

Wer zu einer Wallfahrt aufbricht, inszeniert dieses Spiel und entdeckt die Lust daran – die Lust am Leben und vielleicht sogar die Freude am Glauben.

Lied

1. Es soll uns nicht ge - reu - en der schma - le
   wir ken - nen ja den Treu - en, der uns ge -

Pilgerpfad,
rufen hat. Kommt, folgt und trau - et dem; ein je - der

sein Ge - sich - te mit gan-zer Wendung rich - te stracks

gen Je-ru-sa - lem, ____ stracks gen Jeru-sa - lem.

2 Der Ausgang, der geschehen, ist uns fürwahr nicht leid; / es soll noch besser gehen zur stillen Ewigkeit. / Ihr Lieben, seid nicht bang, verachtet tausend Welten, / ihr Locken und ihr Schelten, |: und geht nur euern Gang. :|

3 Geht's der Natur entgegen, so geht's gerad und fein; / die Fleisch und Sinnen pflegen, noch schlechte Pilger sein. / Verlaßt die Kreatur und was euch sonst will binden; / laßt gar euch selbst dahinten, |: es geht durchs Sterben nur. :|

4 Man muß wie Pilger wandeln, frei, bloß und wahrlich leer; / viel sammeln, halten, handeln macht unsern Gang nur schwer. / Wer will, der trag sich tot! Wir reisen abgeschieden, / mit wenigem zufrieden; |: wir brauchen's nur zur Not. :|

5 Schmückt euer Herz aufs beste, sonst weder Leib noch Haus; / wir sind hier fremde Gäste und ziehen bald hinaus. / Gemach bringt Ungemach; ein Pilger muß sich schicken, / sich dulden und sich bücken |: den kurzen Pilgertag. :|

6 Ist gleich der Weg gar enge, so einsam, krumm und schlecht, / der Dornen rings in Menge und manches Kreuze trägt; / es ist doch unser Weg. Laß sein! Wir gehen weiter, / wir folgen unserm Leiter |: und brechen durchs Geheg. :|

7 Kommt, Kinder, laßt uns wandern, wir gehen Hand in Hand; / eins freut sich am andern in diesem wilden Land. / Kommt, laßt uns kindlich sein, uns auf dem Weg nicht streiten; / die Engel selbst begleiten |: als Brüder unsre Reihn. :|

8 Sollt wo ein Schwacher fallen, so greif der Stärkre zu; / man trag, man helfe allen, man pflanze Lieb und Ruh! / Kommt, schließt euch fester an; ein jeder sei der Kleinste, / doch auch wohl gern der Reinste |: auf unsrer Liebesbahn. :|

9 Kommt, laßt uns munter wandern, der Weg kürzt immer ab; / ein Tag, der folgt dem andern, bald fällt das Fleisch ins Grab. / Nur noch ein wenig Mut, nur noch ein wenig treuer, / von allen Dingen freier, |: gewandt zum ewgen Gut. :|

10 Es wird nicht lang mehr währen, halt' noch ein wenig aus; / es wird nicht lang mehr währen, so kommen wir nach Haus. / Da wird man ewig ruhn, wenn wir mit allen Frommen / daheim zum Vater kommen; |: wie wohl, wie wohl wird's tun! :|

11 Drauf wollen wir's denn wagen, es ist wohl wagenswert, / und gründlich dem absagen, was aufhält und beschwert. / Welt, du bist uns zu klein! Wir gehen durch Jesu Leiten / hin in die Ewigkeiten; |: es soll nur Jesus sein. :|

GERHARD TERSTEEGEN (1697–1769)

Kehrvers

Se - lig, die bei dir woh - nen, Herr, die dich lo - ben al - le Zeit.

M: MICHAEL MÜLLER
T: PSALM 84,5

Psalm 84

1 Wie liebenswert ist deine Wohnung, Herr der Heerscharen! / Meine Seele verzehrt sich in Sehnsucht * nach dem Tempel des Herrn.
2 Mein Herz und mein Leib jauchzen ihm zu, * ihm, dem lebendigen Gott.

3 Auch der Sperling findet ein Haus / und die Schwalbe ein Nest für ihre Jungen – * deine Altäre, Herr der Heerscharen, mein Gott und mein König.

4 Wohl denen, die wohnen in deinem Haus, * die dich allezeit loben!

5 Wohl den Menschen, die Kraft finden in dir, * wenn sie sich zur Wallfahrt rüsten.

6 Ziehen sie durch das trostlose Tal, / wird es für sie zum Quellgrund, * und Frühregen hüllt es in Segen.

7 Sie schreiten dahin mit wachsender Kraft; * dann schauen sie Gott auf dem Zion.

8 Herr der Heerscharen, höre mein Beten, * vernimm es, Gott Jakobs!

9 Gott, sieh her auf unsern Schild, * schau auf das Antlitz deines Gesalbten!

10 Denn ein einziger Tag in den Vorhöfen deines Heiligtums * ist besser als tausend andere.

11 Lieber an der Schwelle stehen im Haus meines Gottes * als wohnen in den Zelten der Frevler.

12 Denn Gott der Herr ist Sonne und Schild. * Er schenkt Gnade und Herrlichkeit;

13 der Herr versagt denen, die rechtschaffen sind, keine Gabe. * Herr der Heerscharen, wohl dem, der dir vertraut.

14 Ehre sei dem Vater und dem Sohn * und dem Heiligen Geist,

15 wie im Anfang, so auch jetzt und alle Zeit * und in Ewigkeit. Amen.

Kehrvers

Lesung

(aus dem 1. Kapitel des Buches Rut; Rut 1,1–22)

Zu der Zeit, als die Richter regierten, kam eine Hungersnot über das Land. Da zog ein Mann mit seiner Frau und seinen beiden Söhnen aus Betlehem in Juda fort, um sich als Fremder im Grünland Moabs niederzulassen. Der Mann hieß Elimelech, seine Frau Noomi. […] Als sie im Grünland Moabs ankamen, blieben sie dort. Elimelech, der Mann Noomis, starb, und sie blieb mit ihren beiden Söhnen zurück. Diese nahmen sich moabitische Frauen, Orpa und Rut, und so wohnten sie dort etwa zehn Jahre lang. Dann starben die Söhne, und Noomi blieb allein. […]

Da brach sie mit ihren Schwiegertöchtern auf, um aus dem Grünland Moabs heimzukehren; denn sie hatte dort gehört, der Herr habe sich seines Volkes angenommen und ihm Brot gegeben. Sie verließ zusammen mit ihren beiden Schwiegertöchtern den Ort, wo sie sich aufgehalten hatten. Als sie nun auf dem Heimweg in das Land Juda waren, sagte Noomi zu ihren Schwiegertöchtern: Kehrt doch beide heim zu euren Müttern! Der Herr erweise euch Liebe, wie ihr sie den Toten und mir erwiesen habt. Der Herr lasse jede von euch Geborgenheit finden bei einem Gatten. Damit küßte sie beide zum Abschied; doch Orpa und Rut begannen laut zu weinen und sagten zu ihr: Nein, wir wollen mit dir zu deinem Volk gehen. Noomi sagte: Kehrt doch um, meine Töchter! Warum wollt ihr mit mir ziehen? […] Mir täte es bitter leid um euch; denn mich hat die Hand des Herrn getroffen. Da weinten sie noch lauter. Doch dann gab Orpa ihrer Schwiegermutter den Abschiedskuß, während Rut nicht von ihr ließ.

Noomi sagte: Du siehst, deine Schwägerin kehrt heim zu ihrem Volk und zu ihrem Gott. Folge ihr doch! Rut antwortete: Dränge mich nicht, dich zu verlassen und umzukehren. Wohin du gehst, dahin gehe auch ich, und wo du bleibst, da bleibe ich auch. Dein Volk ist mein Volk, und dein Gott ist mein Gott. Wo du stirbst, da sterbe auch ich, da will ich begraben sein. Der Herr soll mir dies und das antun – nur der Tod wird mich von dir scheiden. Als sie sah, daß Rut darauf bestand, mit ihr zu gehen, redete sie nicht länger auf sie ein. So zogen sie miteinander bis Betlehem.

Als sie in Betlehem ankamen, geriet die ganze Stadt ihretwegen in Bewegung. Die Frauen sagten: Ist das nicht Noomi? Doch sie erwiderte: Nennt mich nicht mehr Noomi (Liebliche), sondern Mara (Bittere); denn viel Bitteres hat der Allmächtige mir getan. Reich bin ich ausgezogen, aber mit leeren Händen hat der Herr mich heimkehren lassen. [...] So kehrte Noomi mit Rut, ihrer moabitischen Schwiegertochter, aus dem Grünland Moabs heim. Zu Beginn der Gerstenernte kamen sie in Betlehem an.

Wort des lebendigen Gottes.
Dank sei Gott.

Evangelium
(aus dem 1. Kapitel des Markusevangeliums;
Mk 1,16–20)

Als Jesus am See von Galiläa entlangging, sah er Simon und Andreas, den Bruder des Simon, die auf dem See ihre Netze auswarfen; sie waren nämlich

Fischer. Da sagte er zu ihnen: Kommt her, folgt mir nach! Ich werde euch zu Menschenfischern machen. Sogleich ließen sie ihre Netze liegen und folgten ihm. Als er ein Stück weiterging, sah er Jakobus, den Sohn des Zebedäus, und seinen Bruder Johannes; sie waren im Boot und richteten ihre Netze her. Sofort rief er sie, und sie ließen ihren Vater Zebedäus mit seinen Tagelöhnern im Boot zurück und folgten Jesus nach.

Evangelium unseres Herrn Jesus Christus.
Lob sei dir, Christus.

Gebet

Du Gott des Aufbruchs,
segne uns,
wenn wir dein Rufen vernehmen,
wenn deine Stimme lockt,
wenn dein Geist uns bewegt
zum Aufbrechen und Weitergehen.

Du Gott des Aufbruchs,
begleite und behüte uns,
wenn wir aus Abhängigkeiten entfliehen,
wenn wir uns von Gewohnheiten verabschieden,
wenn wir festgetretene Wege verlassen,
wenn wir dankbar zurückschauen
und doch neue Wege wagen.

Du Gott des Aufbruchs,
wende uns dein Angesicht zu,
wenn wir Irrwege nicht erkennen,
wenn uns Angst befällt,
wenn Umwege uns ermüden,

wenn wir Orientierung suchen
in den Stürmen der Unsicherheit.

Du Gott des Aufbruchs,
leuchte auch unserem Weg,
wenn die Ratlosigkeit uns fesselt,
wenn wir fremde Lande betreten,
wenn wir Schutz suchen bei dir,
wenn wir neue Schritte wagen
auf unserer Reise nach innen.

Du Gott des Aufbruchs,
mach uns aufmerksam,
wenn wir mutlos werden,
wenn uns Menschen begegnen,
wenn unsere Freude überschäumt,
wenn Blumen blühen, die Sonne uns wärmt,
Wasser uns erfrischt,
Sterne leuchten auf unserem Lebensweg.

Du Gott des Aufbruchs,
sei mit uns unterwegs
zu uns selbst, zu den Menschen, zu dir.
So segne uns mit deiner Güte
und zeige uns dein freundliches Angesicht.
Begegne uns mit deinem Erbarmen
und leuchte uns mit dem Licht deines Friedens
auf allen unseren Wegen. Amen.

Texte

Aufbruch

Sammelt euch drüben am heiderand
Wo die pappeln stehen!
Lang ist der weg zu eurem land
Unverwandt
Müßt ihr fürder gehen.

Eilet vertriebene – fasset mut!
Lasst euch die fahrt nicht grausen!
Seid ihr beisammen? So ist gut:
Nimmer ruht
Bis ich euch heisse zu hausen!

Mit dir mit dir rüstige schaar
Ist das gute geschehen.
Sehet – die nacht blickt sternenklar,
Blumen im haar
Dürft ihr von dannen gehen.

KARL WOLFSKEHL (1869–1948)

Überschlag

Ja, wir adressieren an Gott,
wenn wir den vollkommenen Antritt meinen,
den ganzen Aufbruch an den erhabenen Herrn,
den totalen Selbsteinwurf in das Höchste.

MARIA MENZ

Lied

1. Wohl - auf, mit hel-lem Sin-gen hinaus ins grü-ne Feld, Gott Lob und Ehr zu
brin-gen, der es so wohl be-stellt. Bis
hier-her half dein Se-gen; Herr, führ es
treu hin-aus. _ Gib Son-nenschein und
Re-gen, gib Brot in je-des Haus.

2 Steig auf an diesem Morgen, o Herz, der Lerche gleich, / laß alles eitle Sorgen, sei einmal froh und reich! / Bis hierher half dein Segen ...

3 Sieh hin, wie Gottes Güte die Erde neu uns schenkt, / wie ringsum Blüt an Blüte und Saat an Saat sich drängt. / Bis hierher half dein Segen ...

4 Drum auf mit Dank und Flehen, mit Lob und Benedein! / Antwortet, Tal und Höhen, o Flur und Wald, stimmt ein! / Bis hierher half dein Segen ...

M: Tochter Sion, Köln (1741)
T: Georg Kautzer (1850)

Wanderlieder

1. Wohl - auf! Es ruft der Son - nenschein hin -
geht mun - ter in das Land hin - ein und

aus in Got - tes Welt:
ü - ber Berg und Feld!
Es

bleibt der Strom nicht ru - hig stehn, gar

lu - stig rauscht er fort:
Hörst

du des Win - des mun - tres Wehn? Er

braust von Ort zu Ort.

2 Es reist der Mond wohl hin und her, die Sonne ab und auf, / guckt übern Berg und geht ins Meer, nie matt in ihrem Lauf. / Und, Mensch, du sitzest stets daheim, sehnst dich nicht nach der Fern? / Sei frisch und wandle durch den Hain und sieh die Fremde gern.

3 Wer weiß, wo dir dein Glücke blüht, so geh und such es nur; / der Abend kommt, der Morgen flieht, betrete bald die Spur. / So weit dich schließt der Himmel ein, gerät der Liebe Frucht, / und jedes Herz wird glücklich sein und finden, was es sucht.

M: Volkslied
T: Ludwig Tieck (1773–1853)

1. Wohl - auf in Got - tes schö - ne Welt, le - be
die Luft ist blau und grün das Feld,

wohl,
le - be wohl, a - de.

Die Ber - ge glühn wie E - del-stein, ich

wand - re mit dem Son - nen-schein: La La

la la la la la la la la la la la la, ins

wei - te Land hin - ein. _____ La La ein.

2 Du traute Stadt am Bergeshang, lebe wohl, ade! /
Du hoher Turm, du Glockenklang, lebe wohl, ade! /
Ihr Häuser alle, wohlbekannt, noch einmal wink ich
mit der Hand, / la la la la la la, und nun seitab ge-
wandt.

3 An meinem Wege fließt der Bach, lebe wohl,
ade! / Der ruft den letzten Gruß mir nach, lebe wohl,
ade! / Ach, Gott, da wird's so eigen mir, so milde
wehn die Lüfte hier, / la la la la la la, als wär's ein
Gruß von dir.

4 Ein Gruß von dir, du schönes Kind, lebe wohl,
ade! / Und nun den Berg hinab geschwind, lebe
wohl, ade! / Wer wandern will, der darf nicht stehn,
der darf niemals nach hinten sehn, / la la la la la la,
muß immer weiter gehn.

M: Volkslied
T: Julius Rodenberg (1852)

Wohin du gehst, dahin gehe auch ich (Rut 1,16).

UNTERWEGSSEIN

Wer unterwegs ist, befindet sich dazwischen und in Bewegung. Im Wort „unterwegs" stecken das lateinische „inter" – „zwischen" und die indogermanische Wurzel „wegh" – die „sich bewegen, schwingen, fahren, ziehen" bedeutet.

Unterwegs ist man zwischen einem Ausgangsort und einem Ziel. Beide bestimmen die Weise der Bewegung. Ob man hastig geht oder schlendert, zielstrebig oder zögerlich, Start und Ziel prägen den Weg, gerade weil sie verlassen oder noch nicht erreicht, gerade weil sie entzogen sind. Weil man nicht mehr dort ist und noch nicht da, tritt man in eine Beziehung zum Ausgang und zum Ende und definiert dabei sich selbst. Von der Herkunft her und auf die Zukunft hin wird sichtbar, wer ich bin. Unterwegs aber kann sich diese Beziehung ändern; sie soll es sogar. Man gewinnt Abstand, kann loslassen und stehen lassen, Gewesenes und Gewordenes sein lassen. Manches möchte man abschütteln und zurücklassen, anderes mitnehmen und weitertragen – weitertradieren.

Je mehr man unterwegs das Verhältnis zum Ausgangsort klärt, desto mehr kommt der Weg selber in den Blick, der Weg im Sinne der Bewegung. Der Mensch geht den Weg, bis alles in ihm geht und er diese Bewegung gleichsam ist. Er geht den Weg, und der Weg geht ihn. Der Weg als Prozeß des Loslassens, Zwischenseins und Ankommens kommt ins Gehen, ins Gelingen, ins Glücken. Jetzt ist das Ziel nicht mehr weit, selbst wenn es noch Stunden oder Tage entfernt liegt.

Der Evangelist Lukas erzählt das Leben Jesu als Unterwegsgeschichte. Auf dem Weg zwischen Galiläa und Jerusalem klärt sich Jesu Herkunft und Zukunft und damit seine Identität. Es ist kein Zufall, daß die Verklärungsgeschichte dazwischen steht und klärt, uns Leser und Leserinnen aufklärt, wer Jesus im Angesicht Gottes ist.

Wer unterwegs ist wie Jesus – ob wir das ganze Leben betrachten oder einen bestimmten Weg –, klärt seine Beziehung zu seiner Herkunft und zu seinem Ziel, zur eigenen Vergangenheit und Zukunft. Unterwegs ergibt sich, wer er/sie ist – im Angesicht Gottes und für sich.

Wer bei einer Wallfahrt unterwegs ist, führt diesen Prozeß herbei und provoziert die Klärung.

Lied

1. Ver - traut den neu - en We - gen, auf die der
weil Le - ben heißt: sich re - gen, weil Le - ben

Herr uns weist,
wandern heißt.

Seit leuchtend Got - tes Bo - gen

am ho - hen Him - mel stand, sind Men - schen aus - ge - zo -

gen in das ge - lob - te Land.

2 Vertraut den neuen Wegen und wandert in die Zeit! / Gott will, daß ihr ein Segen für seine Erde seid. / Der uns in frühen Zeiten das Leben eingehaucht, / der wird uns dahin leiten, wo er uns will und braucht.

3 Vertraut den neuen Wegen, auf die uns Gott gesandt! / Er selbst kommt uns entgegen. Die Zukunft ist sein Land. / Wer aufbricht, der kann hoffen in Zeit und Ewigkeit. / Die Tore stehen offen. Das Land ist hell und weit.

T: KLAUS PETER HERTZSCH (1989)

1. Wohl denen, die da wandeln vor
nach seinem Worte handeln und

Gott in Heiligkeit,
leben allezeit.

Die recht von

Herzen suchen Gott und seiner Weisung

folgen, sind stets bei ihm in Gnad.

2 Lehr mich den Weg zum Leben, / führ mich nach deinem Wort, / so will ich Zeugnis geben / von dir, mein Heil und Hort. / Durch deinen Geist, Herr, stärke mich, / daß ich dein Wort festhalte, / von Herzen fürchte dich.

3 Dein Wort, Herr, nicht vergehet; / es bleibet ewiglich, / so weit der Himmel gehet, / der stets bewegt sich. / Dein Wahrheit bleibt zu aller Zeit / gleichwie der Grund der Erde, durch deine Hand bereit't.

M: Heinrich Schütz (1661)
T: nach Cornelius Becker (1602)

Kehrvers

Ver-traut auf den Herrn; er ist Helfer und Schild.

M: Michael Müller
T: Psalm 121

Psalm 121

1 Ich hebe meine Augen auf zu den Bergen: * Woher kommt mir Hilfe?

2 Meine Hilfe kommt vom Herrn, * der Himmel und Erde gemacht hat.

3 Er läßt deinen Fuß nicht wanken; * er, der dich behütet, schläft nicht.

4 Nein, der Hüter Israels * schläft und schlummert nicht.

5 Der Herr ist dein Hüter, der Herr gibt dir Schatten, * er steht dir zur Seite.

6 Bei Tag wird dir die Sonne nicht schaden * noch der Mond in der Nacht.

7 Der Herr behüte dich vor allem Bösen, * er behüte dein Leben.

8 Der Herr behüte dich, wenn du fortgehst und wiederkommst, * von nun an bis in Ewigkeit.

9 Ehre sei dem Vater und dem Sohn * und dem Heiligen Geist,

10 wie im Anfang, so auch jetzt und alle Zeit * und in Ewigkeit. Amen.

Kehrvers

Evangelium

(aus dem 9. Kapitel des Lukasevangeliums; Lk 9,23–36)

Zu allen sagte er: Wer mein Jünger sein will, der verleugne sich selbst, nehme täglich sein Kreuz auf sich und folge mir nach. Denn wer sein Leben retten will, wird es verlieren; wer aber sein Leben um meinetwillen verliert, der wird es retten. Was nützt es einem Menschen, wenn er die ganze Welt gewinnt, dabei aber sich selbst verliert und Schaden nimmt? Denn wer sich meiner und meiner Worte schämt, dessen wird sich der Menschensohn schämen, wenn er in seiner Hoheit kommt und in der Hoheit des Vaters und der heiligen Engel. Wahrhaft, das sage ich euch: Von denen, die hier stehen, werden einige den Tod nicht erleiden, bis sie das Reich Gottes gesehen haben.

Etwa acht Tage nach diesen Reden nahm Jesus Petrus, Johannes und Jakobus beiseite und stieg mit

ihnen auf einen Berg, um zu beten. Und während er
betete, veränderte sich das Aussehen seines Gesichtes, und sein Gewand wurde leuchtend weiß. Und
plötzlich redeten zwei Männer mit ihm. Es waren
Mose und Elija; sie erschienen in strahlendem Licht
und sprachen von seinem Ende, das sich in Jerusalem erfüllen sollte. Petrus und seine Begleiter aber
waren eingeschlafen, wurden jedoch wach und sahen Jesus in strahlendem Licht und die zwei Männer, die bei ihm standen. Als die beiden sich von ihm
trennen wollten, sagte Petrus zu Jesus: Meister, es
ist gut, daß wir hier sind. Wir wollen drei Hütten
bauen, eine für dich, eine für Mose und eine für
Elija. Er wußte aber nicht, was er sagte. Während er
noch redete, kam eine Wolke und warf ihren Schatten auf sie. Sie gerieten in die Wolke hinein und bekamen Angst. Da rief eine Stimme aus der Wolke:
Das ist mein auserwählter Sohn, auf ihn sollt ihr
hören. Als aber die Stimme erklang, war Jesus wieder allein. Die Jünger schwiegen jedoch über das,
was sie gesehen hatten, und erzählten in jenen Tagen niemand davon.

Evangelium unseres Herrn Jesus Christus.
Lob sei dir, Christus.

Gebet

Der Herr sei vor dir,
um dir den rechten Weg zu zeigen.

Der Herr sei neben dir,
um dich in die Arme zu schließen um dich
zu schützen.

Der Herr sei hinter dir,
um dich zu bewahren vor der Heimtücke
böser Menschen.

Der Herr sei unter dir,
um dich aufzufangen, wenn du fällst, und dich
aus der Schlinge zu ziehen.

Der Herr sei in dir,
um dich zu trösten, wenn du traurig bist.

Der Herr sie um dich herum,
um dich zu verteidigen, wenn andere über dich
herfallen.

Der Herr sei über dir,
um dich zu segnen.

So segne dich der gütige Gott.

ALTCHRISTLICHES SEGENSGEBET
AUS DEM 4. JAHRHUNDERT
ÜBERSETZT VON ANTON KNER

Texte

Geh deinen Weg
wie ich den meinen
suche
zu dem Ziel
Mensch zu werden.

Unterwegs
begegnen wir
der Wahrheit
der Freiheit
und uns selbst.

Unterwegs
wächst und reift
eine Weggemeinschaft
die uns befähigt
anderen
ein Rastplatz zu sein
und Wegweiser.

Du und ich
gehen den Weg.

Aufschrift an einer romanischen Kirche
am Thuner See/Schweiz

Wege

Weg mit Schwingen,
in göttlichen Lichtes Singen –
Weg in Dürre, am Boden, im Staube –:
die eine, die andere Traube
Beschiedenheit, was verschlägt es?
Es ist, trägt es
Gottes Wille und führt es zum Himmelreich,
ganz gleich.

Maria Menz

Lied

1. „Mir nach", spricht Chri-stus, un-ser Held,
„mir nach, ihr Chri-sten al - le!
nehmt eu - er Kreuz und Un-ge-mach
auf euch, folgt mei-nem Wan-del nach.

Ver - leug - net euch, ver-laßt die Welt,
folgt mei-nem Ruf und Schal - le;

2 Ich bin das Licht, ich leucht euch für, / mit heil-
gem Tugendleben; / wer zu mir kommt und folget
mir, / darf nicht im Finstern schweben. / Ich bin der
Weg, ich weise wohl, / wie man wahrhaftig wandeln
soll.

3 Ich zeig euch das, was schädlich ist, / zu fliehen
und zu meiden / und euer Herz von arger List / zu
reingen und zu scheiden. / Ich bin der Seelen Fels
und Hort / und führ euch zu der Himmelspfort.

4 Fällt's euch zu schwer, ich geh voran, / ich steh
euch an der Seite, / ich kämpfe selbst, ich brech die
Bahn, / bin alles in dem Streite. / Ein böser Knecht,
der still mag stehn, / sieht er voran den Feldherrn
gehn!

5 Wer seine Seel zu finden meint, / wird sie ohn mich verlieren; / wer sie um mich verlieren scheint, / wird sie nach Hause führen. / Wer nicht sein Kreuz nimmt und folgt mir, / ist mein nicht wert und meiner Zier."

6 So laßt uns denn dem lieben Herrn / mit unserm Kreuz nachgehen / und wohlgemut, getrost und gern / in allem Leiden stehen! / Wer nicht gekämpft, trägt auch die Kron / des ewgen Lebens nicht davon.

Johann Scheffler (Angelus Silesius) (1624–1677)

Weglitanei

V Aus den Dörfern und Städten
A sind wir unterwegs zu dir.

V Aus Tälern und Bergen
A sind wir unterwegs zu dir.

V Mit leidenden Brüdern und Schwestern
A sind wir unterwegs zu dir.

V Mit lachenden Kindern
A sind wir unterwegs zu dir.

V Als Bauleute des Friedens
A sind wir unterwegs zu dir.

V Als Boten der Gerechtigkeit
A sind wir unterwegs zu dir.

V Als Zeugen deiner Liebe
A sind wir unterwegs zu dir.

V Als Glieder deiner Kirche
A sind wir unterwegs zu dir.

V Wenn wir das Brot teilen
A sind wir unterwegs zu dir.

V Wenn wir die Schwachen stützen
A sind wir unterwegs zu dir.

V Wenn wir für die Verfolger beten
A sind wir unterwegs zu dir.

A Wenn wir Gottesdienst feiern bist du bei deinem Volk.

GEBET AUS LATEINAMERIKA

Wanderlieder

1. Wem Gott will rech-te Gunst er-wei-sen, den schickt er in die wei-te Welt, dem _ will er sei-ne Wunder wei - sen in Berg und Tal und Strom und Feld.

2 Die Bächlein von den Bergen springen, die Lerchen schwirren hoch vor Lust; / was sollt' ich nicht mit ihnen singen aus voller Kehl und frischer Brust?

3 Den lieben Gott laß ich nur walten; der Bächlein, Lerchen, Wald und Feld / und Erd und Himmel will erhalten, hat auch mein Sach' aufs best' bestellt.

M: Theodor Fröhlich (1835)
T: Joseph von Eichendorff (1826)

1. Wer recht in Freu-den wan-dern will, der geh' der Sonn ent-ge-gen; da ist der Wald so kir-chen-still, kein Lüft-chen mag sich re-gen. Noch sind nicht die Ler-chen wach, nur im ho-hen Gras der Bach singt lei-se den Mor-gen-se-gen.

2 Die ganze Welt ist wie ein Buch, darin uns aufge-
schrieben / in bunten Zeilen mancher Spruch, wie
Gott uns treu geblieben. / Wald und Blumen nah
und fern / und der helle Morgenstern / sind Zeugen
von seinem Lieben.

3 Da zieht die Andacht wie ein Hauch durch alle
Sinnen leise, / da pocht ans Herz die Liebe auch in
ihrer stillen Weise; / pocht und pocht, bis sich's er-
schließt / und die Lippe überfließt / von lautem, ju-
belndem Preise.

4 Und plötzlich läßt die Nachtigall im Busch ihr
Lied erklingen, / in Berg und Tal erwacht der Schall
und will sich aufwärts schwingen; / und der Morgenröte Schein / stimmt in lichter Glut mit ein: /
Laßt uns dem Herrn lobsingen!

M: Volkslied
T: Emanuel Geibel (1839)

1. Schön ist die Welt, drum, Brü-der, laßt uns rei-sen wohl in die wei-te Welt, wohl in die wei-te Welt.

2 Wir sind nicht stolz, wir brauchen keine Pferde, /
die uns von dannen ziehn, die uns von dannen ziehn.

3 Wir laben uns an jeder Felsenquelle, / wo frisches Wasser fließt, wo frisches Wasser fließt.

4 Wir reisen fort, von einer Stadt zur andern, / wohin es uns gefällt, wohin es uns gefällt.

M UND T: VOLKSLIED

Geht, ich sende euch. Nehmt keinen Beutel mit und keine Vorratstasche (Lk 10,3).

RUHE UND RAST

Die Rast darf nicht zu früh kommen. Man will die Bewegung erst unterbrechen, wenn bereits etwas in Bewegung geraten ist. Man möchte erst entspannen, wenn Spannung bereits spürbar war. Man sucht das Ungestörtsein, nachdem man sich zuvor stören ließ. Erst wenn das Gehen in Gang gekommen ist, wenn Klärung begonnen hat, kann die Rast beginnen und Ruhe einkehren.

Ruhe meint Ausruhen, Pause, Auszeit. Wer ruht, nimmt sich aus dem Prozeß des Durcharbeitens, der beim Gehen geschieht, heraus. Vielleicht ist die Ruhe die schwerste Übung auf dem Pilgerweg. Sich herausnehmen und die Bewegung aussetzen, ist leichter gesagt als getan. Normalerweise verstehen wir uns besser auf das „Drinbleiben", „Dranbleiben", Weitermachen, Weitergehen. Wenn nicht manchmal der Körper die Bremse zöge, würde sich das Rad ewig weiter drehen. Aber Körper und Seele brauchen den Rhythmus zwischen Gehen und Stehen, vorwärts und halt, Bewegung und Ruhe.

Bei einer Wallfahrt inszenieren wir diesen Rhythmus und üben ihn ein. Wir planen den Wechsel zwischen Gehen und Ruhen nach innerem Bedürfnis und äußeren Gegebenheiten. Es wird genügend Zeit anberaumt, um „alle Viere" von sich zu strecken, sich bei Essen und Trinken zu stärken und sich langsam wieder auf das bevorstehende Stück Weg einzustellen. Man darf, was im normalen Leben verboten scheint: loslassen und entspannen, k. o. sein und es sich anmerken lassen, schweigen und für sich sein, einfach da sein oder nicht einmal das.

Die beiden biblischen Testamente erzählen, daß Gott die Zeit der Ruhe zu nutzen weiß. So besucht er Sara und Abraham, als dieser in der Mittagshitze vor dem Zelteingang sitzend ausruht. Jakob zeigt er sich im Schlaf, Josef begegnet er im Traum.

So wie manche Menschen in einer ruhigen Minute die besten Einfälle haben, so ist die Ruhe auch für Gott ein geeignetes „Einfallstor". Beides ist nicht planbar, weder die Einfälle, noch der „Einfall" Gottes, sonst höbe sich die Ruhe selber auf und würde in Erwartung oder gar Streß umschlagen. Ruhe bedeutet aber, die Ruhe geschehen zu lassen, sie gleichsam „Herrin" über sich werden zu lassen. Auch Gott bedeutet: Gott geschehen zu lassen, sich von ihm beschenken zu lassen, an ihn abzugeben, ohne dieses Abgeben machen und kontrollieren zu können. Es ist wie mit dem Schlafen. Je mehr ich bewußt einschlafen will, um so weniger gelingt es mir. Je mehr ich mich bewußt erholen will, desto weniger klappt es. Je mehr ich Gott herzwingen oder auch mich zu ihm hinzwingen will, desto mehr entzieht er sich mir. Vielleicht aber kommt er/sie mir in der Ruhe fast zufällig und auf jeden Fall ungeplant und unverfügbar entgegen – aber nur vielleicht.

Wer sich auf eine Wallfahrt begibt, plant die Ruhe ein; mehr aber läßt sich nicht planen. Alles andere geschieht.

Lied

1. Der Tag ist sei-ner Hö-he nah. Nun blick zum Höchsten auf, der schützend auf dich nie-der-sah in je-des Ta-ges Lauf.

2 Wie laut dich auch der Tag umgibt, / jetzt halte lauschend still, / weil er, der dich beschenkt und liebt, / die Gabe segnen will.

3 Der Mittag kommt. So tritt zum Mahl; / denk an den Tisch des Herrn. / Er weiß die Beter überall / und kommt zu Gaste gern.

4 Er segnet dich in Dorf und Stadt, / in Keller, Kammer, Feld. / Was dir der Herr gesegnet hat, / bleibt fortan wohlbestellt.

5 Er segnet dir auch Korb und Krug / und Truhe, Trog und Schrein. / Ihm kann es keinen Tag genug / an Segensfülle sein.

6 Er segnet deiner Bäume Frucht, / dein Kind, dein Land, dein Vieh. / Er segnet, was den Segen sucht. / Die Gnade schlummert nie.

7 Er segnet, wenn du kommst und gehst; / er segnet, was du planst. / Er weiß auch, daß du's nicht verstehst / und oft nicht einmal ahnst.

8 Und dennoch bleibt er ohn Verdruß / zum Segnen stets bereit, / gibt auch des Regens milden Fluß, / wenn Regen an der Zeit.

9 Sein guter Schatz ist aufgetan, / des Himmels ewges Reich. / Zu segnen hebt er täglich an / und bleibt sich immer gleich.

10 Wer sich nach seinem Namen nennt, / hat er zuvor erkannt. / Er segnet, welche Schuld auch trennt, / die Werke deiner Hand.

11 Die Hände, die zum Beten ruhn, / die macht er stark zur Tat. / Und was der Beter Hände tun, / geschieht nach seinem Rat.

12 Der Tag ist seiner Höhe nah. / Nun stärke Seel und Leib, / daß, was an Segen er ersah, / dir hier und dort verbleib.

M: Fritz Werner (1949)
T: Jochen Klepper (1903–1942)

Kehrvers

M: Joseph Seuffert

Psalm 23

1 Der Herr ist mein Hirte, * nichts wird mir fehlen.

2 Er läßt mich lagern auf grünen Auen * und führt mich zum Ruheplatz am Wasser.

3 Er stillt mein Verlangen; * er leitet mich auf rechten Pfaden, treu seinem Namen.

4 Muß ich auch wandern in finsterer Schlucht, * ich fürchte kein Unheil,

5 denn du bist bei mir, * dein Stock und dein Stab geben mir Zuversicht.

6 Du deckst mir den Tisch * vor den Augen meiner Feinde.

7 Du salbst mein Haupt mit Öl, * du füllst mir reichlich den Becher.

8 Lauter Güte und Huld werden mir folgen mein Leben lang, * und im Haus des Herrn darf ich wohnen für lange Zeit.

9 Ehre sei dem Vater und dem Sohn * und dem Heiligen Geist,

10 wie im Anfang, so auch jetzt und alle Zeit * und in Ewigkeit. Amen.

Kehrvers

Der Herr erschien Abraham bei den Eichen von
Mamre. Abraham saß zur Zeit der Mittagshitze am
Zelteingang. Er blickte auf und sah vor sich drei
Männer stehen. Als er sie sah, lief er ihnen vom Zelteingang aus entgegen, warf sich zur Erde nieder und
sagte: Mein Herr, wenn ich dein Wohlwollen gefunden habe, geh doch an deinem Knecht nicht vorbei!
Man wird etwas Wasser holen; dann könnt ihr euch
die Füße waschen und euch unter dem Baum ausruhen. Ich will einen Bissen Brot holen, und ihr könnt
dann nach einer kleinen Stärkung weitergehen;
denn deshalb seid ihr doch bei eurem Knecht vor-
beigekommen. Sie erwiderten: Tu, wie du gesagt
hast. Da lief Abraham eiligst ins Zelt zu Sara und
rief: Schnell drei Sea feines Mehl! Rühr es an, und
backe Brotfladen! Er lief weiter zum Vieh, nahm ein
zartes, prächtiges Kalb und übergab es dem Jung-
knecht, der es schnell zubereitete. Dann nahm Abraham Butter, Milch und das Kalb, das er hatte zube-
reiten lassen, und setzte es ihnen vor. Er wartete
ihnen unter dem Baum auf, während sie aßen. Sie
fragten ihn: Wo ist deine Frau Sara? Dort im Zelt,
sagte er. Da sprach der Herr: In einem Jahr komme
ich wieder zu dir, dann wird deine Frau Sara einen
Sohn haben. Sara hörte am Zelteingang hinter seinem Rücken zu. Abraham und Sara waren schon
alt; sie waren in die Jahre gekommen. Sara erging es
längst nicht mehr, wie es Frauen zu ergehen pflegt.
Sara lachte daher still in sich hinein und dachte: Ich
bin doch schon alt und verbraucht und soll noch das
Glück der Liebe erfahren? Auch ist mein Herr doch

schon ein alter Mann! Da sprach der Herr zu Abraham: Warum lacht Sara und sagt: Soll ich wirklich noch Kinder bekommen, obwohl ich so alt bin? Ist beim Herrn etwas unmöglich? Nächstes Jahr um diese Zeit werde ich wieder zu dir kommen; dann wird Sara einen Sohn haben.

Wort des lebendigen Gottes.
Dank sei Gott.

Gebet

Iß dein Brot mit Freude
und trink deinen Wein guten Muts.
Das ist Gott wohlgefällig.
Darum laßt uns fröhlich und dankbar sein.
Amen.

NACH KOH 9,7

Text

Ausruhen

Ich bin müde,
ich kann nicht mehr.
Ich habe mich verausgabt,
meine Beine tun mir weh.
Ich lege mich hin
und ruhe aus.

Ich brauche neue Kraft,
die mir von der Erde zufließt.
Ich brauche neuen Mut,

der vom Himmel wie eine Feder
auf mich niederfliegt.
Ich ruhe aus,
ich warte.

Ich spüre, wie die Lebenskraft
in meine Glieder zurückfließt.
Ich fühle, wie der Lebensmut
mein Inneres erwärmt.

Ich ruhe aus
und genieße es.
Ich ruhe aus
und bin dankbar dafür.

Christiane Bundschuh-Schramm (1997)

Lieder

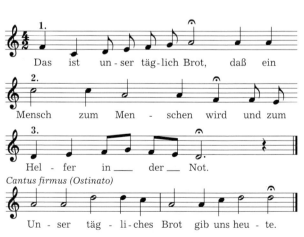

Das ist un-ser täg-lich Brot, daß ein

Mensch zum Men - schen wird und zum

Hel - fer in ___ der ___ Not.

Cantus firmus (Ostinato)

Un - ser täg - li - ches Brot gib uns heu - te.

M: Heinz-Albert Heindrichs
T: Eckart Bücken

Seg - ne, Va - ter, die - se Ga - ben.
Dankt dem Herrn für sei - ne Ga - ben.

A - - men, A - - men.
A - - men, A - - men.

1. Sin - get, dan - ket un - serm Gott,

der die Welt er - schuf. Sin - get, dan - ket

un - serm Gott und hört sei - nen Ruf.

2 Lobet täglich unsern Gott, der uns Leben gibt. /
Lobet täglich unsern Gott, der uns alle liebt.

3 Danket gerne unserm Gott, er gibt Wein und Brot. /
Danket gerne unserm Gott, Retter aus der Not.

4 Singet, danket unserm Gott, der die Welt er-
schuf. / Singet, danket unserm Gott und folgt seinem Ruf.

M: HORST WEBER (1963)
T: KURT ROMMEL (1963)

1. Wenn das Brot, das wir tei-len, als Ro-se blüht
und das Wort, das wir sprechen, als Lied er-klingt,
1.-5. dann hat Gott un-ter uns schon sein Haus ge-baut,
dann wohnt er schon in un-se-rer Welt. Ja, dann
schau-en wir heut schon sein An-ge-sicht in der Liebe, die
alles um-fängt, in der Lie be, die al-les um-fängt.

2 Wenn das Leid jedes Armen uns Christus zeigt, /
und die Not, die wir lindern, zur Freude wird, /
dann hat Gott …

3 Wenn die Hand, die wir halten, uns selber hält, /
und das Kleid, das wir schenken, auch uns bedeckt, / dann hat Gott unter uns …

4 Wenn der Trost, den wir geben, uns weiter trägt, /
und der Schmerz, den wir teilen, zur Hoffnung
wird, / dann hat Gott unter uns …

5 Wenn das Leid, das wir tragen, den Weg uns weist, / und der Tod, den wir sterben, vom Leben singt, / dann hat Gott unter uns ...

M: KURT GRAHL
T: C. P. MÄRZ

Da wo ein Brun-nen fließt und wo uns ein Feu-er wärmt, wo ei-ner teilt sein Brot mit uns, wo ei-ner schenkt den Wein, wo ei-ne Stil-le singt, da-rin uns ein Wort be-rührt, da ist es wo der Dornbusch brennt, wo uns're Wü-ste lebt.

M: JÜDISCHES VOLKSLIED
T: P. MICHAEL HERMES OSB

Kanon

Dan - ket, dan - ket __ dem Herrn,
denn er ist so freund - lich, sei - ne
Güt' und Wahr-heit wäh - ret __ e - wig - lich.

M UND T: 18. JH.

Volkslied

1. Bei ei - nem Wir - te wun-der - mild, da
war ich jüngst zu Ga - ste, ____ ein
gold - ner Ap - fel war sein Schild an
ei - nem lan - gen A - ste.

2 Es war der gute Apfelbaum, bei dem ich eingekehret; / mit süßer Kost und frischem Schaum hat er mich wohl genähret.

3 Es kamen in sein grünes Haus viel leicht beschwingte Gäste, / sie sprangen frei und hielten Schmaus und sangen auf das beste.

4 Ich fand ein Bett zu süßer Ruh auf weichen grünen Matten. / Der Wirt, der deckte selbst mich zu mit seinem kühlen Schatten.

5 Nun frag' ich nach der Schuldigkeit, da schüttelt er den Wipfel. / Gesegnet sei er allezeit von der Wurzel bis zum Gipfel.

M: VOLKSLIED
T: LUDWIG UHLAND (1811)

Aller Augen warten auf dich, und du gibst ihnen Speise zur rechten Zeit; du öffnest deine Hand und sättigst alles, was lebt (Ps 145).

NATUR

Die Menschen suchen das Erlebnis der Natur, ob im Urlaub, am Wochenende, bei vielfältigen Sport- und Freizeitaktivitäten, beim Gang in den Garten und der Arbeit darin, selbst beim Blick aus dem Fenster. Der Anblick der Schöpfung hat für viele bis auf den heutigen Tag einen eigenen Zauber, ist bewegend und sammelnd, macht staunen und bewundern, erhebt das Gemüt, läßt jubeln oder auch ganz einfach stumm werden. Stumm, still, angerührt.

Bei einer Wallfahrt lockt uns die Natur. In sie einzutauchen, ihren Duft zu schmecken, den Wind auf der Haut zu spüren und die Erde unter den Füßen, davon träumen wir vor dem Aufbruch. Wir wollen uns der Natur aussetzen, so wie sie ist – unberührt und unbezwingbar, ursprünglich und frei.

Ich glaube, es ist das Ursprüngliche, das wir suchen, das Anfanghafte und Anfängliche, das in der Natur verborgen ist. In dem Wort Natur steckt das lateinische „nasci" – geboren werden, entstehen. Vielleicht steckt im Aufsuchen der Natur die Sehnsucht nach der eigenen (Neu-)Geburt, nach einem Werden jenseits des Gewordenen, nach einem Entstehen jenseits des Entstandenen, jenseits dessen, was wir geworden sind, was oder wer uns gestaltet, manchmal verunstaltet hat.

Nur zum Teil geht freilich unser Traum in Erfüllung. Die Natur zeigt sich nicht nur unberührt. Der Feldweg führt unter der Autobahn durch, die nächste Etappe am Industriegebiet vorbei. In die Nase dringen nicht nur die Gerüche des Waldes, der Wiesen und Äcker, sondern auch die Abgase der Autos, der Smog der Städte. Lauter als die nahen Vögel tönen die mannigfachen, aufdringlichen Zivilisationsgeräusche. Neben der freien Natur treffen wir auf gebändigte und gezähmte, bebaute und verbaute, gestörte und zerstörte.

In beidem ist die Natur zugleich ein Spiegel unseres Selbst. Die Wallfahrt beginnt nicht am Nullpunkt, sondern mitten im Leben, wo vieles gestaltet und entschieden ist, aber manches noch gestaltbar und entscheidbar, weniges sogar revidierbar und veränderbar. Vielleicht hilft uns die Wallfahrt, so wie sie uns durch Natur und Kultur führt, auch die verschiedenen Ebenen, Berge und Täler unseres Selbst zu durchschreiten. Mit dem Gestalteten und Entschiedenen möge sie uns versöhnen, mit dem Änderbaren und zu Ändernden möge sie uns in Kontakt bringen und das Freie und Gestaltbare möge sie uns zu entdecken geben. Und ihre Wunder, die uns staunen machen im Großen wie im Kleinen, mögen die Ehrfurcht in uns wachrufen vor dem Wunder des Lebens und uns danken lassen als Mitgeschöpfe in einer wunderbaren und guten Schöpfung.

Oft ist in der Bibel die gestaltete und ungestaltete Natur ein Bild für das menschliche Leben und die Möglichkeiten Gottes mit ihm. Oft ist es nur eine leichte Blickverschiebung, die Neues entdecken läßt, so das „Von-Selbst" beim Wachsen der Saat, die Überraschung des größten Baums, der aus dem kleinen Senfkorn erwächst, die Pracht der Blumen und Gräser, die auf die Schöpferkraft Gottes hinweisen und den Kleinmut, das Sorgen der Menschen, in seine Schranken weisen oder wie das bißchen Sauerteig, das eine große Menge Mehl durchsäuern kann, zum Mitwirken am Gottesreich einladen.

Wer bei einer Wallfahrt die Begegnung mit der Natur sucht, wird mehr finden:

Natur und Kultur,
Mögliches und Gewordenes,
Veränderbares und Unabänderliches,
Entschiedenes und Offenes.

Lied

1. Geh aus, mein Herz, und su - che Freud in die - ser lie - ben Som - mer - zeit an dei - nes Got - tes _ Ga - ben; schau an der schö - nen Gär - ten Zier und sie - he, wie sie mir _ und _ dir sich _ aus - ge - schmücket _ ha - ben, sich aus - ge - schmücket ha - ben.

2 Die Bäume stehen voller Laub, / das Erdreich decket seinen Staub / mit einem grünen Kleide; / Narzissen und die Tulipan, / die ziehen sich viel schöner an / als Salomonis Seide.

3 Die Lerche schwingt sich in die Luft, / das Täublein fliegt aus seiner Kluft / und macht sich in die Wälder; / die hochbegabte Nachtigall / ergötzt und füllt mit ihrem Schall / Berg, Hügel, Tal und Felder.

4 Die Glucke führt ihr Völklein aus, / der Storch baut und bewohnt sein Haus, / das Schwälblein speist die Jungen; / der schnelle Hirsch, das leichte Reh / ist froh und kommt aus seiner Höh / ins tiefe Gras gesprungen.

5 Die Bächlein rauschen in dem Sand / und malen sich an ihrem Rand / mit schattenreichen Myrten; / die Wiesen liegen hart dabei / und klingen ganz vom Lustgeschrei / der Schaf und ihrer Hirten.

6 Die unverdroßne Bienenschar / fliegt hin und her, sucht hier und dar / ihr edle Honigspeise; / des süßen Weinstocks starker Saft / bringt täglich neue Stärk und Kraft / in seinem schwachen Reise.

7 Der Weizen wächset mit Gewalt; / darüber jauchzet jung und alt / und rühmt die große Güte / des, der so überflüssig labt / und mit so manchem Gut begabt / das menschliche Gemüte.

8 Ich selber kann und mag nicht ruhn, / des großen Gottes großes Tun / erweckt mir alle Sinnen; / ich singe mit, wenn alles singt, / und lasse, was dem Höchsten klingt, / aus meinem Herzen rinnen.

9 Ach, denk ich, bist du hier so schön / und läßt du's uns so lieblich gehn / auf dieser armen Erden: / was will doch wohl nach dieser Welt / dort in dem reichen Himmelszelt / und güldnen Schlosse werden!

10 Welch hohe Lust, welch heller Schein / wird wohl in Christi Garten sein! / Wie muß es da wohl klingen, / da so viel tausend Seraphim / mit unverdroßnem Mund und Stimm / ihr Halleluja singen.

11 O wär ich da, o stünd ich schon, / ach süßer Gott, vor deinem Thron / und trüge meine Palmen! / So wollt ich nach der Engel Weis / erhöhen deines Namens Preis / mit tausend schönen Psalmen.

12 Doch gleichwohl will ich, weil ich noch / hier trage dieses Leibes Joch, / auch nicht gar stille schweigen; / mein Herze soll sich fort und fort / an diesem und an allem Ort / zu deinem Lobe neigen.

13 Hilf mir und segne meinen Geist / mit Segen, der vom Himmel fleußt, / daß ich dir stetig blühe; / gib, daß der Sommer deiner Gnad / in meiner Seele früh und spat / viel Glaubensfrücht erziehe.

14 Mach in mir deinem Geiste Raum, / daß ich dir werd ein guter Baum, / und laß mein Wurzel treiben; / verleihe, daß zu deinem Ruhm / ich deines Gartens schöne Blum / und Pflanze möge bleiben.

15 Erwähle mich zum Paradeis / und laß mich bis zur letzten Reis / an Leib und Seele grünen: / so will ich dir und deiner Ehr / allein und sonsten keinem mehr / hier und dort ewig dienen.

PAUL GERHARDT (1607–1676)

Kehrvers

Mei - ne See - le   prei - se   den Herrn.

Psalm 104

1 Lobe den Herrn meine Seele! / Herr, mein Gott, wie groß bist du! * Du bist mit Hoheit und Pracht bekleidet.

2 Du hüllst dich in Licht wie in ein Kleid, * du spannst den Himmel aus wie ein Zelt.

3 Du verankerst die Balken deiner Wohnung im Wasser. / Du nimmst dir die Wolken zum Wagen, * du fährst einher auf den Flügeln des Sturmes.

4 Du machst dir die Winde zu Boten * und lodernde Feuer zu deinen Dienern.

5 Du hast die Erde auf Pfeiler gegründet; * in alle Ewigkeit wird sie nicht wanken.

6 Einst hat die Urflut sie bedeckt wie ein Kleid, * die Wasser standen über den Bergen.

7 Sie wichen vor deinem Drohen zurück, * sie flohen vor der Stimme deines Donners.

8 Da erhoben sich Berge und senkten sich Täler * an den Ort, den du für sie bestimmt hast.

9 Du hast den Wassern eine Grenze gesetzt, / die dürfen sie nicht überschreiten; * nie wieder sollen sie die Erde bedecken.

10 Du läßt die Quellen hervorsprudeln in den Tälern, * sie eilen zwischen den Bergen dahin.

11 Allen Tieren des Feldes spenden sie Trank, * die Wildesel stillen ihren Durst daraus.

12 An den Ufern wohnen die Vögel des Himmels, * aus den Zweigen erklingt ihr Gesang.

13 Du tränkst die Berge aus deinen Kammern, * aus deinen Wolken wird die Erde satt.

14 Du läßt Gras wachsen für das Vieh, / auch Pflanzen für den Menschen, die er anbaut, * damit er Brot gewinnt von der Erde

15 und Wein, der das Herz des Menschen erfreut, / damit sein Gesicht von Öl erglänzt * und das Brot das Menschenherz stärkt.

16 Die Bäume des Herrn trinken sich satt, * die Zedern des Libanon, die er gepflanzt hat.

17 In ihnen bauen die Vögel ihr Nest, * auf den Zypressen nistet der Storch.

18 Die hohen Berge gehören dem Steinbock, * dem Klippdachs bieten die Felsen Zuflucht.

19 Du hast den Mond gemacht als Maß für die Zeiten, * die Sonne weiß, wann sie untergeht.

20 Du sendest Finsternis, und es wird Nacht, * dann regen sich alle Tiere des Waldes.

21 Die jungen Löwen brüllen nach Beute, * sie verlangen von Gott ihre Nahrung.

22 Strahlt die Sonne dann auf, so schleichen sie heim * und lagern sich in ihren Verstecken.

23 Nun geht der Mensch hinaus an sein Tagwerk, * an seine Arbeit bis zum Abend.

24 Herr, wie zahlreich sind deine Werke! / Mit Weisheit hast du sie alle gemacht, * die Erde ist voll von deinen Geschöpfen.

25 Da ist das Meer, so groß und weit, * darin ein Gewimmel ohne Zahl: kleine und große Tiere.

26 Dort ziehen die Schiffe dahin, / auch der Leviátan, den du geformt hast, * um mit ihm zu spielen.

27 Sie alle warten auf dich, * daß du ihnen Speise gibst zur rechten Zeit.

28 Gibst du ihnen, dann sammeln sie ein; * öffnest du deine Hand, werden sie satt an Gutem.

29 Verbirgst du dein Gesicht, sind sie verstört; / nimmst du ihnen den Atem, so schwinden sie hin * und kehren zurück zum Staub der Erde.

30 Sendest du deinen Geist aus, / so werden sie alle erschaffen, * und du erneuerst das Antlitz der Erde.

31 Ewig währet die Herrlichkeit des Herrn, * der Herr freue sich seiner Werke.

32 Er blickt auf die Erde, und sie erbebt; * er rührt die Berge an, und sie rauchen.

33 Ich will dem Herrn singen, solange ich lebe, * will meinem Gott spielen, solange ich da bin.

34 Möge ihm mein Dichten gefallen. * Ich will mich freuen an dem Herrn.

35 Ehre sei dem Vater und dem Sohn * und dem Heiligen Geist,

36 wie im Anfang, so auch jetzt und alle Zeit * und in Ewigkeit. Amen.

Kehrvers

Lesung

(aus dem 9. Kapitel des Buches Genesis; Gen 9,8–17)

Dann sprach Gott zu Noach und seinen Söhnen, die bei ihm waren: Hiermit schließe ich meinen Bund mit euch und mit euren Nachkommen und mit allen Lebewesen bei euch, mit den Vögeln, dem Vieh und allen Tieren des Feldes, mit allen Tieren der Erde, die mit euch aus der Arche gekommen sind. Ich habe meinen Bund mit euch geschlossen: Nie wieder sollen alle Wesen aus Fleisch vom Wasser der Flut ausgerottet werden; nie wieder soll eine Flut kommen und die Erde verderben. Und Gott sprach: Das ist das Zeichen des Bundes, den ich stifte zwischen mir und euch und den lebendigen Wesen bei euch für alle kommenden Generationen: Meinen Bogen setze ich in die Wolken; er soll das Bundeszeichen sein zwischen mir und der Erde. Balle ich Wolken über der Erde zusammen und erscheint der Bogen in den Wolken, dann gedenke ich des Bundes, der besteht zwischen mir und euch und allen Lebewesen, allen Wesen aus Fleisch, und das Wasser wird nie wieder zur Flut werden, die alle Wesen aus Fleisch vernichtet. Steht der Bogen in den Wolken, so werde ich auf ihn sehen und des ewigen Bundes gedenken zwischen Gott und allen lebenden Wesen, allen We-

sen aus Fleisch auf der Erde. Und Gott sprach zu
Noach: Das ist das Zeichen des Bundes, den ich zwischen mir und allen Wesen aus Fleisch auf der Erde
geschlossen habe.

Wort des lebendigen Gottes.
Dank sei Gott.

Lesung

(aus dem Koran)

Wer hat erschaffen die Himmel und die Erde und
sendet euch Wasser vom Himmel herab, durch das
wir herrliche Gärten sprießen lassen, deren Bäume
ihr allein nicht wachsen lassen könnt? Ist da ein
Gott neben Allah? Aber andere Götter setzen die
Menschen ihm zur Seite!

Wer hat die Erde befestigt und mitten in sie
Flüsse gesetzt und feste Berge hingestellt und die
beiden Gewässer voneinander getrennt? Ist da ein
Gott neben Allah? Doch die meisten erkennen dies
nicht.

Wer antwortet dem Bedrängten, wenn er ihn an-
ruft und nimmt das Übel hinweg und beruft euch zu
Nachfolgern auf Erden? Ist da ein Gott neben Allah?
Doch wenige denken daran.

Wer führt euch im Dunkel über Land und Meer?
Wer entsendet die Winde als Boten seiner Barmherzigkeit? Ist da ein Gott neben Allah? Hoch erhaben
ist Allah über das, was sie ihm zugesellen.

Allah ist es, der die Winde sendet und die Wolken aufrührt; er breitet sie aus am Himmel, wie er
will, und er zerreißt sie; dann siehst du den Regen
aus ihrer Mitte hervorbrechen, und er trifft damit,

wen immer er will, von seinen Dienern, die sich dessen freuen, obwohl sie, bevor er ihnen herabgesandt wurde, in Verzweiflung waren.

Betrachte so die Spuren der Barmherzigkeit Allahs, der die Erde belebt, nachdem sie tot war. Er ist der Beleber der Toten, und er hat Macht über alles.

Evangelium

(aus dem 6. Kapitel des Matthäusevangeliums; Mt 6,28–33)

Jesus spricht: Lernt von den Lilien, die auf dem Feld wachsen: Sie arbeiten nicht und spinnen nicht. Doch ich sage euch: Selbst Salomo war in all seiner Pracht nicht gekleidet wie eine von ihnen. Wenn aber Gott schon das Gras so prächtig kleidet, das heute auf dem Feld steht und morgen ins Feuer geworfen wird, wieviel mehr dann euch, ihr Kleingläubigen! Macht euch also keine Sorgen […]. Euer himmlischer Vater weiß, was ihr braucht. Euch aber muß es zuerst um sein Reich und um seine Gerechtigkeit gehen; dann wird euch alles andere dazugegeben.

Evangelium unseres Herrn Jesus Christus.
Lob sei dir, Christus.

Gebet

Meinem Gott gehört die Welt,
meinem Gott das Himmelszelt,
ihm gehört der Raum, die Zeit,
sein ist auch die Ewigkeit.

Und sein eigen bin auch ich.
Gottes Hände halten mich
gleich den Sternen in der Bahn;
keins fällt je aus Gottes Plan.

Wo ich bin, hält Gott die Wacht,
führt und schirmt mich Tag und Nacht;
über Bitten und Verstehn
muß sein Wille mir geschehn. Amen.

Texte

Liebt die ganze Schöpfung Gottes, das gesamte All
wie auch jedes Sandkörnchen. Jedes Blättchen
liebt, jeden Sonnenstrahl Gottes! Liebt die Tiere,
liebt die Pflanzen, liebt jegliches Ding. Wer jegliches Ding liebt, wird auch das Geheimnis Gottes
in den Dingen erfassen. Hat er es einmal erfaßt, so
wird er es auch Tag für Tag immer mehr erkennen.
Und schließlich wird er die ganze Welt lieben in
ungeteilter, allumfassender Liebe. Liebt die Tiere:
Gott hat ihnen die Uranfänge des Denkens und
die ungetrübte Freude gegeben. Die stört ihnen
nicht, quält sie nicht, nehmt ihnen nicht die Freude,
widersetzt euch nicht dem Gedanken Gottes. O
Mensch, überhebe dich nicht den Tieren gegenüber:
sie sind sündlos, du aber in all deiner Erhabenheit
verseuchst die Erde durch dein Erscheinen auf ihr
und hinterlässest die Spuren deiner Fäulnis – das
tut fast jeder von uns!

FJODOR MICHAJLOVITSCH DOSTOJEWSKIJ (1821–1881)
(DIE BRÜDER KARAMASOW, 1879/80)

Wunsch

Die Wohltat einer Sicherheit
in diesem Schoß Natur:
stabiler Leib, stabiler Sitz
bei spätgelauf'ner Uhr.

Und fortgesetzt die Sicherheit
beim Weg aus dieser Welt:
ein Wunder wider die Natur,
wenn Deine Hand mich hält.

Maria Menz

Meditationen

Kleine Hinweise für die Meditation mit Kindern

Ganz selbstvergessen etwas tun, dabei ganz man selbst sein und zugleich ganz bei der Sache – dieses Paradox drückt ganz treffend eine Haltung aus, die der Meditation eigen ist. Eben diesen Zustand erleben wir immer wieder bei Kindern. Das aber heißt: Von den Kindern können wir Erwachsenen das Meditieren lernen – nicht umgekehrt.

Kinder meditieren nicht erst, wenn bzw. weil wir sie dazu einladen. Wir können unterwegs Momente erleben, in denen Kinder einfach etwas anschauen – einen Stein, ein Stück Rinde, einen Wurm, einen Wirbel im Bach. Sie laden uns dann ein: Schau mal, toll, nicht?! Lassen wir uns also einladen, lassen wir das Kind/die Kinder spüren, daß wir mit ihm/ihnen staunen – und reden wir solche kostbaren Augenblicke nicht kaputt.

„Betrachten" sagte man früher. Das „Schau mal" entspricht völlig dieser Haltung. Beim Meditieren „betrachten" wir einen Gegenstand, ein Wort, unser Leben, Gott selbst: absichtslos, ohne uns etwas verfügbar machen, etwas verzwecken, etwas nach seinem Nutzen einschätzen zu wollen. Solches Betrachten verwandelt. Es kann uns frei machen von uns selbst. Solche Freiheit haben Kinder, wenn sie in einer Atmosphäre des Vertrauens und der Achtung leben dürfen.

Kinder sind kleine, empfindliche Seismographen. Sie registrieren alles, oft unbewußt, und reagieren entsprechend. Manchmal sind gerade wir Erwachsenen selbst die Auslöser, wenn Kinder sich gegen die Meditation sperren:

Wenn wir selbst eigentlich bloß ein „Spielchen" mit den Kindern machen wollen, aber die Sache, um die es geht, eigentlich nicht der Meditation wert finden, werden sie sich nicht darauf einlassen. Wenn wir dagegen selbst dieses Stückchen Natur, diesen Fund, diesen Gegenstand für uns allein meditiert haben, werden sie spüren, daß das kostbar ist. Das bestimmt das Klima.

Wollen die Kinder trotzdem nicht darauf eingehen, sollte man es auf sich beruhen lassen. Warum sollen wir sie unter Druck setzen? Warum sollte das, was uns selbst in der Meditation kostbar geworden ist, einem Machtspiel geopfert werden? Die Kinder haben noch viel Leben vor sich, in dem sie solche Erfahrungen, auch ohne daß wir sie zwingen, selber machen können.

Wenn wir selbst, als Erwachsene, aus der Meditation herausfallen und anfangen zu belehren oder zu moralisieren, dann fallen auch die Kinder heraus: entweder, indem sie mit altklugen Antworten den Musterschüler hervorkehren, oder indem sie sich verweigern oder streiken.

Ein Vergleich: Eine Waschmaschine im Schleudergang darf man nicht auf Stop schalten, sonst fliegt einem der Motor um die Ohren. Kinder, die mitten im Toben sind, können nicht einfach umschalten auf Meditation, weil gerade eine Kapelle am Weg steht. Wir helfen ihnen, wenn wir vorbereitende Phasen einbauen, durch die sie schrittweise leiser, langsamer, aufmerksam, ruhig werden können.

Im Freien und unterwegs gibt es viel zu sehen, zu hören, zu riechen und zu fühlen. Meditation hat mit dem Leib und mit den Sinnen zu tun. Kinder gebrauchen liebend gern und leicht ihre Sinne. Natur und Landschaft geben diesen unendlich viel mehr als noch so besinnliche, fromme, schöne Texte, die wir daher nur sparsamst einsetzen sollten.

Kinder haben in der Regel einen sehr natürlichen Drang nach Bewegung. Eine Meditation, die Phasen der Sammlung, der Ruhe und Stille benötigt, darf daher nicht lang sein. Am besten gliedert man sie durch Lieder, durch Tätigkeiten und durch Äußerungen, die von den Kindern selbst kommen.

Wenn man merkt, daß die Kinder unruhig werden, dann sollte man einfach aufhören oder abbrechen, ohne den Kindern deshalb vorwurfsvoll oder gereizt zu begegnen. Die Kinder haben uns ihr Zeichen gegeben, daß es jetzt reicht, daß sie genug meditiert haben.

Vogelmeditation mit Kindern

Schriftlesung

(aus dem 6. Kapitel des Matthäusevangeliums;
Mt 6,26)

Seht euch die Vögel des Himmels an: Sie säen nicht,
sie ernten nicht und sammeln keine Vorräte in
Scheunen; euer himmlischer Vater ernährt sie. Seid
ihr nicht viel mehr wert als sie?

Meditationsschritte

■ Schritt I – Wahrnehmen:
   Seht euch die Vögel des Himmels an. Wir lesen
den ersten Satz bis zum Doppelpunkt und tun dann,
wozu Jesus uns auffordert: Wir beobachten Vögel –
unterschiedlich nach Ort und Jahreszeit.

– Im freien Gelände sehen wir in großer Höhe Raub-
  vögel ihre Kreise ziehen;
– im Wald kann man Vögel oft eher hören als sehen:
  den Specht, den warnenden Eichelhäher, die gur-
  renden Tauben, den Kuckuck;
– Vögel entdecken kann man auch in Feuchtgebie-
  ten: Störche, Kiebitze, Bachstelzen;
– in Gärten und hausnahen Gebieten finden wir neben Spatzen (Sperlingen) Amseln, Meisen,
  Schwalben, Rotkehlchen, Zaunkönig.
– Wir nehmen wahr: Was tun die Vögel?
– Wir hören: Lieder, Rufe, Signale, Geräusche der
  Nahrungssuche (Specht, Klaiber, Baumläufer),
  leises Klappern der Schnäbel, Fluggeräusche,
  Töne, die zu hoch für unser Ohr sind.

- Kinder und Erwachsene äußern sich, was sie wahrgenommen haben (Ziehen weiter, freier Kreise, Hüpfen am Boden oder von Ast zu Ast, Klettern am Stamm, Ruf und Antwort, aufgeregtes Schreien, Klopfen, Nestbau, Brutpflege, Futtersuche …)
- Jemand in der Runde (oder verschiedene) erklärt sparsam, was er/sie weiß/wissen: um welche Vögel es sich handelt, ihre typischen Kennzeichen, wo und wie sie leben (Zugvögel oder nicht, Orte für Nester, wie lang brüten sie? Wie lang brauchen die Jungen, bis sie flügge sind? Nesthocker – Nestflüchter, wie sie lernen, was sie essen). Gut, wenn dabei die Kinder selbst ihre Fragen stellen können und darauf eine konkrete, nicht weitschweifige Antwort erhalten; es ist ja keine nachgeholte Bio-Stunde.
- Schritt II – Deuten:
  Lied: Geh aus, mein Herz, S. 113, Strophe 1
- Ein Kind aus dem Kreis liest den ganzen Schrifttext ohne die Übertragungen auf uns Menschen: „Seht euch die Vögel des Himmels an: Sie säen nicht, sie ernten nicht und sammeln keine Vorräte in Scheunen; euer himmlischer Vater ernährt sie."
- Die Kinder wiederholen, was sie aus dem Satz behalten haben: einzelne Worte, Satzteile, vielleicht alles – ruhig mehrmals.
- Erst danach äußern sie sich und bringen nun den Schrifttext mit dem zusammen, was sie zuvor wahrgenommen haben. Sie werden etwa darauf kommen, daß es genügend Nahrung gibt für die Vögel, aber auch, daß diese selbst durchaus etwas dafür tun.

Was heißt dann: euer himmlischer Vater ernährt sie?
Jesus sagt ja noch mehr. Wir hören zuerst die Frage
im letzten Satz des Schrifttextes und dann noch
einmal den ganzen Text.

- Wie geht es mir, wenn ich das höre?
- Wann würde es mir gut tun, wenn Jesus mir das
  alles selbst sagen würde: Daniel, Maria …, schau
  dir die Vögel an. Du, Daniel, Maria, … bist Gott
  noch viel mehr wert als die Vögel.

Lied

Geh aus, mein Herz, S. 114, Strophe 8

Psalm 8 (im Wechsel)

1 Herr, unser Herrscher, / wie gewaltig ist dein
Name auf der ganzen Erde; über den Himmeln brei-
test du deine Hoheit aus.

2 Aus dem Mund der Kinder und Säuglinge
schaffst du dir Lob, / deinen Gegnern zum Trotz;
deine Feinde und Widersacher müssen verstummen.

3 Seh' ich den Himmel, das Werk deiner Finger,
Mond und Sterne, die du befestigst:

4 Was ist der Mensch, daß du an ihn denkst, des
Menschen Kind, daß du dich seiner annimmst?

5 Du hast ihn nur wenig geringer gemacht als
Gott, du hast ihn mit Herrlichkeit und Ehre gekrönt.

6 Du hast ihn als Herrscher eingesetzt über das
Werk deiner Hände, hast ihm alles zu Füßen gelegt:

7 All die Schafe, Ziegen und Rinder und auch die wilden Tiere,

8 die Vögel des Himmels und die Fische im Meer, alles, was auf den Pfaden der Meere dahinzieht.

9 Herr, unser Herrscher, wie gewaltig ist dein Name auf der ganzen Erde!

10 Ehre sei dem Vater und dem Sohn und dem Heiligen Geist,

11 wie im Anfang, so auch jetzt und alle Zeit und in Ewigkeit. Amen.

Gebet

Herr, ich werfe meine Freude wie Vögel an den Himmel.
Die Nacht ist verflattert, und ich freue mich am Licht.

Was da aus uns kommt, was da um uns ist
an diesem Morgen, das ist Dank.

Herr, ich bin fröhlich heute Morgen.
Die Vögel und Engel singen, und ich jubiliere auch.
Das All und unsere Herzen sind offen für deine Gnade.

Herr, ich freue mich an der Schöpfung
und daß du dahinter bist und daneben
und davor und darüber und in uns.

Herr, ich werfe meine Freude wie Vögel an den Himmel. Jeden Tag machst du.
Halleluja, Herr!

Aus Westafrika

Lied

1. Gebt acht, gebt acht auf Gottes Welt. Denkt immer dran und rührt nichts an, daß jedermann so leben kann, so wie es Gott gefällt ___ in Gottes Welt. So viele große Bäume in unsern Wäldern stehn. Gebt acht auf alle Bäume. Laßt ihnen nichts geschehn, laßt ihnen nichts geschen.

2 Im Nest die kleinen Vögel, so hoch und kaum zu sehn. / Gebt acht auf alle Vögel! Laßt ihnen nichts geschehn! / Laßt ihnen nichts geschehn!

3 So viele Menschenkinder jetzt hier zusammenstehn. / Gebt acht auf alle Menschen! Laßt ihnen nichts geschehn! / Laßt ihnen nichts geschehn!

M: Siegfried Fietz
T: Rolf Krenzer

Beim Betrachten einer Baumscheibe

An den Ringen kann man das Alter eines Baumes ablesen, abzählen. Und noch vieles mehr aus seinem Leben: Ob die Zeiten trocken waren oder naß, kann man sehen; ob es Frost gab oder Dürre; ob er auf Widerstände stieß; ob er schnell oder langsam hat wachsen können, ungehindert oder eingeschränkt; ob er Licht gehabt hat und Luft, oder ob es ihm eng geworden ist. Und wie dick sein Fell war, wenn wir den äußersten Ring, seine Rinde, betrachten, mit ihren Einrissen, Narben und Schrunden, ihren Kanälen, Vertiefungen und dem, was er an sich herangelassen und mitgetragen hat: Moose, Pilze, Flechten. Um manches ist er herumgewachsen, anderem entgegen; manches hat ihn gedrückt und gekerbt. Und ob er im Kern gesund geblieben ist, bis einer ihn fällte, auch das kann man sehen, und vieles andere mehr.

So wird der durchgesägte Baum zum Sinn-Bild, zum Besinn-Bild für unser eigenes Leben: für seine Höhen und Tiefen, seinen Reichtum und seine Nöte, seine Widerstände und Herausforderungen, seine geglückten Phasen ruhigen Heranwachsens und Gedeihens, seine merklichen Wachstumsstörungen und jähen Ausweichmanöver, seine Weite und Enge, seine guten wie schlechten Tage, mit Gesundheit und Krankheit, mit Selbigkeit und Wandel, mit Vor- und Rückwärts und Auf-der-Stelle-Treten.

Steinmeditation

Kiesel

Der kiesel ist als geschöpf
vollkommen

sich selber gleich
auf seine grenzen bedacht

genau erfüllt
vom steinernen sinn

mit einem geruch der an nichts erinnert
nichts verscheucht keinen wunsch weckt

sein eifer und seine kühle
sind richtig und voller würde

ich spür einen schweren vorwurf
halt ihn in der hand
weil dann seinen edlen leib
falsche wärme durchdringt

kiesel lassen sich nicht zähmen
bis zum schluß betrachten sie uns
mit ruhigem sehr klarem auge

Herbert Zbigniew

Jede/r sucht sich einen Stein. Den Stein zuerst blind
ertasten. Dazu viel Zeit lassen. Dann kann folgender Text vorgelesen werden:

Ich bin nur ein Stein, einer von vielen, aber ich
bin einmalig in meiner Größe, in meinem Aussehen,
in meiner Form. Ich bin an manchen Stellen abgerundet, woanders habe ich spitze Ecken und Kanten, an denen man sich stoßen kann. Ich habe rauhe

Oberflächen, an denen man sich reiben kann, an anderen Stellen bin ich glatt und sanft. Ich bin unverwechselbar und habe mein eigenes Profil: Ja, da bin ich!

Ich muß oft hart sein, Gefühle verachten, mich mit anderen Steinen zu Wällen und Mauern türmen – Mauern, die trennen, durch die niemand hindurchsieht, über die niemand hinüberklettern kann: Ja, das bin ich!

Muß ich das? Kann ich das? Will ich das?

Ich kann den kleinen, unscheinbaren Lebewesen Schatten und Schutz bieten – vor der brennenden Sonne, vor zerstörender, erdrückender Gewalt.

Ich kann, weil ich der bin, der ich bin. Ich kann ein Stein sein, der ins Rollen kommt. Ich kann weich sein, mich von den Wogen des Wassers tragen und umspülen lassen – meine Form dadurch verändern, aufbrechen, vergänglich sein – das weiche Wasser bricht den Stein. Mich verändern und meine Form suchen: Ja, das kann ich!

Ich will mich be-greifen lassen, nicht nur von Wind und Wasser, sondern von sanften Kinderhänden, die mich aufnehmen, mich er-greifen, die über meine Kanten genauso streicheln wie über meine glatten Flächen, die Bewegung in mein Leben bringen.

Sie lassen mich über das Wasser gleiten, lassen mich Wogen und Wellen überspringen – und landen: Einen neuen Ort, eine neue Welt finden, in den und in die ich mich hineinfallen lasse, an dem und in der ich meinen Grund, meine Tiefe suchen kann. Ins Wasser fallen und Kreise ziehen: Ja, das will ich!

Ich, ein Stein, der die Fingerabdrücke seines Schöpfers tragen darf: ich möchte ergriffen sein, ergriffen werden, in Bewegung sein, landen und hineintauchen in die Tiefen eines neuen Lebens: Ja, das werde ich. Amen.

Dieter Barth

Lieder

1. Gott liebt die-se Welt, und wir sind sein Ei - gen. Wo - hin er uns stellt, sol - len wir es zei - gen: Gott liebt die-se Welt.

2 Gott liebt diese Welt. Er rief sie ins Leben. / Gott ist's, der erhält, was er selbst gegeben. / Gott gehört die Welt.

3 Gott liebt diese Welt. Feuerschein und Wolke / und das heilge Zelt sagen seinem Volke: / Gott ist in der Welt.

4 Gott liebt diese Welt. Ihre Dunkelheiten / hat er selbst erhellt. Im Zenit der Zeiten / kam sein Sohn zur Welt.

5 Gott liebt diese Welt. Durch des Sohnes Sterben / hat er uns bestellt zu des Reiches Erben. / Gott erneut die Welt.

6 Gott liebt diese Welt. In den Todesbanden / keine Macht ihn hält. Christus ist erstanden: / Leben für die Welt.

7 Gott liebt diese Welt. Er wird wiederkommen, / wann es ihm gefällt, nicht nur für die Frommen, / nein, für alle Welt.

8 Gott liebt diese Welt, und wir sind sein Eigen. / Wohin er uns stellt, sollen wir es zeigen: / Gott liebt diese Welt.

M UND T: WALTER SCHULZ (1962)

1. Solang es Menschen gibt auf Erden, / so lang die Erde Früchte trägt, / so lang bist du uns allen Vater; wir danken dir für das, was lebt.

2 Solang die Menschen Worte sprechen, / solang dein Wort zum Frieden ruft, / solang hast du uns nicht verlassen. / In Jesu Namen danken wir.

3 Du nährst die Vögel in den Bäumen, / du schmückst die Blumen auf dem Feld; / du machst ein Ende meinem Sorgen, / hast alle Tage schon bedacht.

4 Du bist das Licht, schenkst uns das Leben; / du holst die Welt aus ihrem Tod, / gibst deinen Sohn in unsre Hände. / Er ist das Brot, das uns vereint.

5 Darum muß jeder zu dir rufen, / den deine Liebe leben läßt: / Du, Vater, bist in unsrer Mitte, / machst deinem Wesen uns verwandt.

M: Tera de Marez Oyens-Wansink (1959)
T: Dieter Trautwein

1. Er freu - e dich, Him-mel, er - freu - e dich,
Er - de; er - freu - e sich al - les, was
fröh - lich kann wer - den. **1.-6.** Auf Er - den hier
un - ten, im Him - mel dort o - ben: den
gü - ti - gen Va - ter, den wol - len wir loben.

2 Ihr Sonnen und Monde, ihr funkelnden Sterne, / ihr Räume des Alls in unendlicher Ferne: / Auf Erden ...

3 Ihr Tiefen des Meeres, Gelaich und Gewürme, / Schnee, Hagel und Regen, ihr brausenden Stürme: / Auf Erden ...

4 Ihr Wüsten und Weiden, Gebirg und Geklüfte, / ihr Tiere des Feldes, ihr Vögel der Lüfte: / Auf Erden ...

5 Ihr Männer und Frauen, ihr Kinder und Greise, / ihr Kleinen und Großen, einfältig und weise: / Auf Erden …

6 Erd, Wasser, Luft, Feuer und himmlische Flammen, / ihr Menschen und Engel, stimmt alle zusammen: / Auf Erden …

M: Augsburg (1669)/Bamberg (1691)
T: Strassburg (1697)/Strophe 2–5 Maria Luise Thurmair (1963)
nach Ps 148

Volkslieder

1. Je - den Mor-gen geht die Son - ne
auf in der Wäl - der wun-der-sa-mer Run - de.
Und die ho - he, heil - ge Schöp-fer - stun-de,
je-den Morgen nimmt sie — ih - ren Lauf.

2 Jeden Morgen aus dem Wiesengrund heben weiße Schleier sich ins Licht, / uns der Sonne Morgengang zu künden, ehe sie das Wolkentor durchbricht.

3 Jeden Morgen durch des Waldes Hall'n hebt der Hirsch sein mächtiges Geweih, / der Pirol und dann die Vögel alle stimmen an die große Melodei.

M: Karl Marx
T: Hermann Claudius

1. Die güld-ne Son - ne voll Freud und Won - ne

bringt un - sern Gren - zen mit ih - rem Glän - zen

ein herz - er - quik - kendes, lieb - li - ches Licht.

Mein Haupt und Glie-der, die la - gen dar-nie-der,

a - ber nun steh ich, bin mun - ter und fröh-lich,

schau - e den Him - mel mit mei-nem Ge - sicht.

2 Abend und Morgen sind seine Sorgen; / segnen und mehren, Unglück verwehren / sind seine Werke und Taten allein. / Wenn wir uns legen, so ist er zugegen; / wenn wir aufstehen, so läßt er aufgehen / über uns seiner Barmherzigkeit Schein.

3 Alles vergehet, Gott aber stehet / ohn alles Wanken; seine Gedanken, / sein Wort und Wille hat ewigen Grund. / Sein Heil und Gnaden, die nehmen nicht Schaden, / heilen im Herzen die tödlichen Schmerzen, / halten uns zeitlich und ewig gesund.

M: Johann Georg Ebeling (1666)
T: Paul Gerhardt (1666)

Lernt von den Lilien des Feldes
(nach Mt 6,28).
Lernt von den Vögeln des Himmels
(nach Mt 6,26).

SCHWIERIGER WEG – IRRWEG

Manches Wegstück ist schwierig zu gehen. Entweder der Weg selber ist steil oder steinig, schmal oder abschüssig, oder der/die Gehende selbst ist müde oder ausgelaugt, unkonzentriert oder anderweitig besetzt, so daß ein „gewöhnlicher" Weg ungewöhnlich Mühe macht, eine „normale" Wegstrecke anormal schwerfällt.

Im alltäglichen Leben ist es nicht anders. Manche Wege kommen einem/r schwer entgegen und manche werden einem/r schwer, weil man selbst beschwert ist. Aber die schweren, die schwierigen Wege führen oft weiter. Wie in der Natur ein steiler anstrengender Weg die Wandernden mit einer schönen Aussicht belohnt, kann ein schweres Wegstück im Leben die Gehenden bereichern und mit Erfahrungen erfüllen, die sie niemals mehr missen wollen. Aber manchmal ist der Weg für die betreffende Person einfach zu schwer. Wer wandert, muß daher klug einschätzen, was er/sie sich zumuten kann und was nicht. Im Leben allerdings wird man oft nicht gefragt. Der harte, endlose, schwierige Weg wird zugemutet, und man muß feststellen, daß er für eine/n zu schwer ist. Die eigene Kondition reicht nicht aus, auch wenn man noch wollte und sich fast dafür schämt. Auch in solchen Situationen schafft man es oft dann doch, und dem Menschen wachsen ungeahnte Kräfte zu, von denen er/sie vorher nichts ahnte. Aber es gibt auch die anderen Situationen, in denen Menschen an einem zu schweren Weg ein Le-

ben lang leiden, an einem zu schwierigen Wegstück
zugrunde gehen.

Im Alten Testament hat Elija keine Kraft mehr
auf dem Weg. Sein Eifer für Jahwe ist in Übereifer
gegen die Propheten des Baal umgeschlagen, und
Elija ist in die Sackgasse geraten. Er flieht in die
Wüste und wünscht sich den Tod. Doch ein Engel
rührt in an und stärkt ihn mit Brot und Wasser – so
lange, bis Elija wieder „auf die Beine kommt", bis
er seinen Lebensweg mit genügend Kraft wieder betreten und weitergehen kann.

Zu einer Wallfahrt gehören schwierige Wege wie
zum alltäglichen Leben. Manche sind anstrengend
und beschwerlich zu gehen, manche strengen uns
an, weil wir selber angestrengt sind und nicht mehr
können. Weil beides im Leben begegnet, soll es
auch bei der Wallfahrt nicht fehlen. Die Wallfahrt
symbolisiert auch die schwierigen Wege, die uns
gleichzeitig anziehen und abstoßen, erschrecken
und faszinieren. Wir wollen die vielleicht bisher
verborgene eigene Kraft spüren, die in uns steckt
und die uns in schwierigen Situationen zuwächst.
Das läßt uns vertrauen, daß wir, wie wir in unserem
Leben so manch schwieriges Wegstück gemeistert
haben, auch andere meistern werden. Wir wollen
an die eigenen Grenzen kommen und doch erfahren, daß auch da noch vieles möglich ist, daß
Schmerzpunkte Lernpunkte sein können und
Grenzerfahrungen oft weiterbringen als das Aus-
oder Zurückweichen. Wir wollen oder werden aber
auch in Situationen geraten, in denen wir nicht
mehr weiter können und am liebsten aufgeben
würden – alles hinschmeißen, nichts mehr sehen
und hören müssen und mit dem nächsten Zug nach
Hause fahren. Dann möge wie bei Elija ein Engel

zur Stelle sein mit ausreichend Nahrung für den weiteren Weg.

Bei Jesus hieß dieser Engel Simon von Zyrene. Dieser wußte nicht einmal, daß er für Jesus auf seinem schwierigsten Weg zum Engel werden sollte. Aber auch bei einer Wallfahrt steht vorher nicht fest, wer wem zum Engel wird, wer wem aufhilft, wenn es nicht mehr weitergehen will; weiterhilft und begleitet, mit einer Geste, einem Blick, einem Wort, einer Gabe.

Bei einer Wallfahrt ist die Engelfrage offen – wie im „richtigen Leben" auch.

Lied

1. Ich möcht', daß ei - ner mit __ mir geht, der's
Le - ben kennt, der mich __ ver - steht, der
mich zu al - len Zei - ten kann __ ge - lei - ten.
Ich möcht', daß ei - ner mit __ mir geht. ___

2 Ich wart, daß eine/r mit mir geht, / die/der auch im Schweren zu mir steht, / die/der in den dunklen

Stunden mir verbunden. / Ich wart, daß eine/r mit mir geht.

3 Es heißt, daß einer mit mir geht, / der's Leben kennt, der mich versteht, / der mich zu allen Zeiten kann begleiten. / Es heißt, daß einer mit mir geht.

4 Sie nennen ihn den Herren Christ, / der durch den Tod gegangen ist, / er will durch Leiden und Freuden mich geleiten. / Ich möcht, daß er auch mit mir geht.

M UND T: HANNS KÖBLER

Kehrvers

Mein Gott, mein Gott, warum hast du mich ver-las-sen?

Psalm 22

1 Mein Gott, mein Gott, warum hast du mich verlassen, * bist fern meinem Schreien, den Worten meiner Klage?

2 Mein Gott, ich rufe bei Tag, doch du gibst keine Antwort; * ich rufe bei Nacht und finde doch keine Ruhe.

3 Aber du bist heilig, * du thronst über dem Lobpreis Israels.

4 Dir haben unsere Väter vertraut, * sie haben vertraut, und du hast sie gerettet.

5 Zu dir riefen sie und wurden befreit, * dir vertrauten sie und wurden nicht zuschanden.

6 Ich aber bin ein Wurm und kein Mensch, * der Leute Spott, vom Volk verachtet.

7 Alle, die mich sehen, verlachen mich, * verziehen die Lippen, schütteln den Kopf.

8 „Er wälze die Last auf den Herrn, * der soll ihn befreien!

9 Der reiße ihn heraus, * wenn er an ihm Gefallen hat!"

10 Du bist es, der mich aus dem Schoß meiner Mutter zog, * mich barg an der Brust der Mutter.

11 Von Geburt an bin ich geworfen auf dich, * vom Mutterleib an bist du mein Gott.

12 Sei mir nicht fern, denn die Not ist nahe, * und niemand ist da, der hilft.

13 Ehre sei dem Vater und dem Sohn * und dem Heiligen Geist,

14 wie im Anfang, so auch jetzt und alle Zeit * und in Ewigkeit. Amen.

Kehrvers

Lesung

(aus dem 19. Kapitel des 1. Buchs der Könige;
1 Kön 19,3–15)

Elija geriet in Angst, machte sich auf und ging weg,
um sein Leben zu retten. Er kam nach Beerscheba
in Juda und ließ dort seinen Diener zurück. Er selbst
ging eine Tagereise in die Wüste hinein. Dort setzte
er sich unter einen Ginsterstrauch und wünschte
sich den Tod. Er sagte: Nun ist es genug, Herr. Nimm
mein Leben; denn ich bin nicht besser als meine Väter. Dann legte er sich unter den Ginsterstrauch und
schlief ein. Doch ein Engel rührte ihn an und
sprach: Steh auf und iß! Als er um sich blickte, sah
er neben seinem Kopf Brot, das in glühender Asche
gebacken war, und einen Krug mit Wasser. Er aß
und trank und legte sich wieder hin. Doch der Engel des Herrn kam zum zweitenmal, rührte ihn an
und sprach: Steh auf und iß! Sonst ist der Weg zu
weit für dich. Da stand er auf, aß und trank und
wanderte, durch diese Speise gestärkt, vierzig Tage
und vierzig Nächte bis zum Gottesberg Horeb. Dort
ging er in eine Höhle, um darin zu übernachten.
Doch das Wort des Herrn erging an ihn: Was willst
du hier, Elija? Er sagte: Mit leidenschaftlichem Eifer bin ich für den Herrn, den Gott der Heere, eingetreten, weil die Israeliten deinen Bund verlassen,
deine Altäre zerstört und deine Propheten mit dem
Schwert getötet haben. Ich allein bin übriggeblieben, und nun trachten sie auch mir nach dem Leben.
Der Herr antwortete: Komm heraus, und stell dich
auf den Berg vor den Herrn! Da zog der Herr vor-
über: Ein starker, heftiger Sturm, der die Berge zer-
riß und die Felsen zerbrach, ging dem Herrn voraus.
Doch der Herr war nicht im Sturm. Nach dem

Sturm kam ein Erdbeben. Doch der Herr war nicht im Erdbeben. Nach dem Beben kam ein Feuer. Doch der Herr war nicht im Feuer. Nach dem Feuer kam ein sanftes, leises Säuseln. Als Elija es hörte, hüllte er sein Gesicht in den Mantel, trat hinaus und stellte sich an den Eingang der Höhle.

Da vernahm er eine Stimme, die ihm zurief: Was willst du hier, Elija? Er antwortete: Mit Leidenschaft bin ich für den Herrn, den Gott der Heere, eingetreten, weil die Israeliten deinen Bund verlassen, deine Altäre zerstört und deine Propheten mit dem Schwert getötet haben. Ich allein bin übriggeblieben, und nun trachten sie auch mir nach dem Leben. Der Herr antwortete ihm: Geh deinen Weg durch die Wüste zurück und begib dich nach Damaskus!

Wort des lebendigen Gottes.
Dank sei Gott.

Evangelium

(aus dem 27. Kapitel des Matthäusevangeliums; Mt 27,31–44)

Dann führten sie Jesus hinaus, um ihn zu kreuzigen. Auf dem Weg trafen sie einen Mann aus Zyrene namens Simon; ihn zwangen sie, Jesus das Kreuz zu tragen. So kamen sie an den Ort, der Golgota genannt wird, das heißt Schädelhöhle. Und sie gaben ihm Wein zu trinken, der mit Galle vermischt war; als er aber davon gekostet hatte, wollte er ihn nicht trinken.

Nachdem sie ihn gekreuzigt hatten, warfen sie das Los und verteilten seine Kleider unter sich.

Dann setzten sie sich nieder und bewachten ihn. Über seinem Kopf hatten sie eine Aufschrift angebracht, die seine Schuld angab: Das ist Jesus, der König der Juden. Zusammen mit ihm wurden zwei Räuber gekreuzigt, der eine rechts von ihm, der andere links. Die Leute, die vorbeikamen, verhöhnten ihn, schüttelten den Kopf und riefen: Du willst den Tempel niederreißen und in drei Tagen wieder aufbauen? Wenn du Gottes Sohn bist, hilf dir selbst und steig herab vom Kreuz! Auch die Hohenpriester, die Schriftgelehrten und die Ältesten verhöhnten ihn und sagten: Anderen hat er geholfen, sich selbst kann er nicht helfen. Er ist doch der König von Israel! Er soll vom Kreuz herabsteigen, dann werden wir an ihn glauben. Er hat auf Gott vertraut: der soll ihn jetzt retten, wenn er an ihm Gefallen hat; er hat doch gesagt: Ich bin Gottes Sohn. Ebenso beschimpften ihn die beiden Räuber, die man zusammen mit ihm gekreuzigt hatte.

Evangelium unseres Herrn Jesus Christus.
Lob sei dir, Christus.

Gebet

Weiß ich den Weg auch nicht, du weißt ihn wohl;
das macht die Seele still und friedevoll.
Ist's doch umsonst, daß ich mich sorgend müh,
daß ängstlich schlägt das Herz, sei's spät, sei's früh.

Du weißt den Weg ja doch, du weißt die Zeit,
dein Plan ist fertig schon und liegt bereit.
Ich preise dich für deiner Liebe Macht,
ich rühme deine Gnade, die mir Heil gebracht.

Du weißt, woher der Wind so stürmisch weht,
und du gebietest ihm, kommst nie zu spät.
Drum wart ich still, dein Wort ist ohne Trug;
du weißt den Weg für mich – das ist genug.

HEDWIG VON REDERN (1866–1936)

Meditation

Elija ist am Ende.
Er, der schon vielfach mit dem Tod bedroht war,
er, der die Baalspriester verspottet und getötet hat,
voller Eifer, im Namen des Herrn,
er hat nun Angst.
Er fürchtet die mächtige Königin,
die auf Rache sinnt.
Er flieht.
Doch weit weg von Isebel,
tief in der Wüste,
äußerlich ganz in Sicherheit,
ist er erst wirklich am Ende.
Nichts mehr hören.
Nichts mehr sehen.
Nicht mehr kämpfen.
Nicht mehr handeln.
Schlafen,
tot sein,
nur das noch.
Es ist genug, Herr,
nimm mein Leben.

Einer kommt, der es gut mit ihm meint.
Gibt ihm zu essen,
gibt ihm zu trinken,

läßt ihn wieder schlafen.
Ein richtiger Engel.
Er kommt später wieder,
stärkt ihn neu
und macht ihm Mut.
Erinnert ganz diskret daran,
daß Elija noch ein Ziel hat,
daß da noch jemand auf ihn wartet:

Nimm und iß, sonst ist der Weg zu weit für dich.
Da bricht Elija wieder auf
und wandert vierzig Tage weit
einen langen, langen Weg
hin zu Gott,
zum Gottesberg.
Gott wartet schon auf Elija.
Elija, was willst du hier?
Warum hast du diesen großen Weg auf dich
genommen?
Was hast du auf dem Herzen?
Was muß – bei Gott – einmal gesagt werden?
Gott fragt
und Elija spricht:
Empörung,
Klage,
Wut,
Enttäuschung,
Resignation.
Elija spricht sich gründlich aus.
Gott schweigt und hört –
dann antwortet er.

Nicht mit frommen Durchhalteparolen,
nicht mit erschlagendem Machterweis,
keine überwältigende Gotteserfahrung.
Wie ein Hauch,

fast eine Ahnung nur. –
Und doch spürt Elija:
Gott ist da.
Gott ist mir nahe.

GERDA BRÜCKEN (1998)

Texte

Der Sohn des Rabbi Chajim von Sandez fuhr einmal
bei grimmiger Kälte nach Gorlice und war in einen
Bärenpelz gehüllt. Einer der Reisegefährten hatte
kein Obergewand an und litt fürchterlich unter dem
Froste. Er erkrankte und kam in Lebensgefahr. Als
Rabbi Chajim davon erfuhr, machte er seinem
Sohne Vorwürfe. „Warum hast du ihm nicht deinen
Pelz gegeben?" fuhr er ihn an. Rabbi Aron erwi-
derte: „Vater, ich hatte doch nur *einen* Pelz!" „Du
hättest ihn ihm geben sollen!" schrie Rabbi Chajim.

Rabbi Salomon von Radomsk hörte die Ausspra-
che und sagte: „Dann hätte doch euer Aron sein Leben in Gefahr gebracht und es steht geschrieben:
Jeder ist sich selbst der Nächste."

„Das ist wohl wahr", sagte Rabbi Chajim, „aber
wisset, Radomsker Rabbi, wenn es sich um die Lebensgefahr eines Menschen handelt, soll man nicht
danach verfahren, was geschrieben steht!"

CHAJIM BLOCH

Weg

Trächtig von Planung schrittest du schwebenden
    Schritts,
aber was querte den Weg wie ein zuckender Blitz,
    daß du verharrtest,
bald bis tief innen im Vorgehabten erstarrtest?

Antlitz des Irrenden, abgrundgefährdetes Schaf,
Klage des Hirten. Als es dich traf,
brachst du das Recht der Natur, starb dein Traum.
Der Geopferte hat im geschluchteten Raum,
bei des Irrenden Gang, bei des Hirten Pein
seine Berufung, Engel zu sein.
Neben dem, der alles vermag und der glüht,
zu bewahren? Ja: daß die Rose des Blutes blüht,
ist gefordert. Er gab das Prinzip.

Er steht am Weg bittend: Folge mir, gib!

MARIA MENZ

Lieder

2 Welcher Engel wird uns zeigen, / wie das Leben zu bestehn? / Welcher Engel schenkt uns Augen, die im Keim die Frucht schon sehn? / Wirst du für mich, werd ich für dich der Engel sein?

3 Welcher Engel öffnet Ohren, / die Geheimnisse verstehn? / Welcher Engel leiht uns Flügel, / unsern Himmel einzusehn? / Wirst du für mich, werd ich für dich der Engel sein?

M: Hans-Jörg Böckeler
T: Wilhelm Willms

1. Wer bringt dem Menschen, der blind ist, das Licht?

Wer reicht dem Menschen, der Angst hat, die Hand?

Wer geht den Weg, der die Mü-he lohnt? ___

Kv Den Weg wollen wir ge-hen. Die Lie-be geht mit

uns: Auf dem lan-gen und steinigen, auf dem

weiten und unbequemen, auf dem Weg, der die Mü-he

lohnt, auf dem Weg, der die Mü-he lohnt!

2 Wer deckt dem Menschen, der hungert, den Tisch? / Wer reicht dem Menschen, der Durst hat, den Krug? / Wer geht den Weg, der die Mühe lohnt? *Kv*

3 Wer gibt dem Menschen, der zweifelt, den Mut? /
Wer gibt dem Menschen, der absackt, den Halt? /
Wer geht den Weg, der die Mühe lohnt? *Kv*

M: Oskar Gottlieb Blarr
T: Hans Jurgen Netz

1. Wir gehen uns're Wege, und bleiben manchmal traurig steh'n. Mit uns und uns'rer Kunst am Ende brennt unser Herz, den Herrn zu seh'n. *Kv* Sucht euer Leben nicht bei den Toten, sucht euer Leben nicht bei den Toten.

2 Wir schmieden uns're Pläne und glauben manchmal weit zu geh'n. / Mit uns und uns'rem Glück am Ende brennt unser Herz, den Herrn zu seh'n. *Kv*

3 Wir hoffen auf Erlösung und wagen manchmal aufzusteh'n. / Mit uns und uns'rem Mut am Ende brennt unser Herz, den Herrn zu seh'n.   *Kv*

4 Er geht mit seinen Freunden und teilt mit ihnen Brot und Wein. / Für uns und uns're Zeit ein Anfang kehrt unser Herz bei Jesus ein.   *Kv*

M: Christoph Lehmann
T: Friedrich Karl Barth

Volkslied

1. Hab oft im Krei - se der Lie - ben im
duf - ti - gen Gra - se ge - ruht, und mir ein Lied-lein ge - sun - gen, und
mir ein Liedlein ge - sun - gen, und al - les,
al - les war wie - der gut.

2 Hab' einsam auch mich gehärmet in bangem, düsterem Mut, / und habe wieder gesungen, und alles, alles war wieder gut.

3 Sollst uns nicht lange klagen, was alles dir wehe tut! / Nur frisch, nur frisch gesungen, und alles, alles wird wieder gut.

M: Friedrich Silcher (1789–1860)
T: Adalbert von Chamisso (1781–1838)

Du weißt den Weg für mich – das ist genug.

BEGEGNUNG

Gehen ist eine gute Voraussetzung für Begegnung. Wer unterwegs ist, trifft andere; Wege kreuzen sich, führen zusammen und trennen sich wieder.

Wenn zwei Menschen einander begegnen, treffen immer verschiedene Welten aufeinander. Manchmal geschieht dies recht unsanft, und die Sprache benennt es treffend als Zusammenprallen zweier Welten. Manchmal geschieht trotz eines Zusammentreffens keine Begegnung, denn Welten bleiben dazwischen, so daß keine Beziehung möglich ist.

Manchmal gelingt Begegnung, weil Welten einander anziehen – in ihrer Andersheit oder in ihrer Ähnlichkeit. Oft ist es von beidem etwas, daß wir jemanden attraktiv finden. Die andere Welt zieht die unsrige in Bann, wir werden neugierig und gleichzeitig ängstlich, wir sind interessiert und gleichzeitig ein wenig verunsichert.

Wenn Gott und Mensch einander begegnen, können die Welten nicht verschiedener sein. Gott begegnet in der Balance von menschenähnlich – in Jesus – und göttlichverborgen – als Urgrund und Schöpfer, als welchen wir ihn Vater nennen. Das macht ihn für uns Menschen attraktiv. Was allerdings Gott an uns Menschen anziehend findet, bleibt schleierhaft; aber daß es so ist, ist sicher.

Die alttestamentliche Geschichte von Jakobs nächtlichem Kampf am Jabbok erzählt von einer solchen Begegnung, die sich auf dem Weg ereignet. Faszination und Schrecken sind in ihr dicht verwoben im Bild des nächtlichen Ringens. Die Gottesbegegnung ist eine Sache auf Leben und Tod. Unbeschädigt, unverändert ist sie nicht zu bestehen. Und doch: Wider Erwarten tötet der Anblick Gottes nicht; er wird dem Ringenden zum Segen. Sein Dranbleiben lohnt sich; er kommt mit dem Leben davon, er gewinnt eine neue Identität.

Auch in der Gerichtsrede im Matthäusevangelium ist, gleich mehrfach, von solchen Begegnungen die Rede, in denen der Herr, gespiegelt im Gesicht der Geringsten, von Angesicht zu Angesicht begegnet, zum Leben oder zum Gericht.

Bei einer Wallfahrt begegnen sich Menschen, die dasselbe tun: Sie gehen. Man geht zusammen und schwingt die verschiedenen Welten auf denselben Rhythmus ein. Ohne viele Worte geschieht Begegnung, weil sich verschiedene Welten dem Gehen öffnen. Man läßt das Gehen als ein Drittes hinzukommen und findet in ihm zusammen – sonst vielleicht auch oder auch nicht.

Im Einschwingen in das Dritte fühlt man auch Gott mitgehen. Wenn dasselbe Gehen in verschiedenen Welten in Gang kommt, geht er mit. Die Geschichte von Emmaus erzählt uns davon.

Lied

1. Wo ein Mensch Ver - trau - en gibt, nicht nur an sich sel - ber denkt, fällt ein Trop-fen von dem Re-gen, der aus Wüsten Gärten macht.

2 Wo ein Mensch den andern sieht, / nicht nur sich und seine Welt, / fällt ein Tropfen von dem Regen, / der aus Wüsten Gärten macht.

3 Wo ein Mensch sich selbst verschenkt / und den alten Weg verläßt, / fällt ein Tropfen von dem Regen, / der aus Wüsten Gärten macht.

M: Fritz Baltruweit
T: Hans-Jürgen Netz

Kehrvers

Meine See - le dürstet al - le-zeit nach Gott.

Psalm 42

1 Wie der Hirsch lechzt nach frischem Wasser, * so lechzt meine Seele, Gott, nach dir.

2 Meine Seele dürstet nach Gott, * nach dem lebendigen Gott.

3 Wann darf ich kommen * und Gottes Antlitz schauen?

4 Tränen waren mein Brot bei Tag und bei Nacht; / denn man sagt zu mir den ganzen Tag: * Wo ist nun dein Gott?

5 Das Herz geht mir über, wenn ich daran denke: / wie ich zum Haus Gottes zog in festlicher Schar, * mit Jubel und Dank in feiernder Menge.

6 Meine Seele, warum bist du betrübt * und bist so unruhig in mir?

7 Harre auf Gott; denn ich werde ihm noch danken, * meinem Gott und Retter, auf den ich schaue.

8 Ehre sei dem Vater und dem Sohn * und dem Heiligen Geist,

9 wie im Anfang, so auch jetzt und alle Zeit * und in Ewigkeit. Amen.

Kehrvers

Lesung

(aus dem 32. Kapitel des Buches Genesis;
Gen 32,23–31)

In derselben Nacht stand [Jakob] auf, nahm seine beiden Frauen, seine beiden Mägde sowie seine elf Söhne und durchschritt die Furt des Jabbok. Er nahm sie und ließ sie den Fluß überqueren. Dann schaffte er alles hinüber, was ihm sonst noch gehörte. Als nur noch er allein zurückgeblieben war, rang mit ihm ein Mann, bis die Morgenröte aufstieg. Als der Mann sah, daß er ihm nicht beikommen konnte, schlug er ihn aufs Hüftgelenk. Jakobs Hüftgelenk renkte sich aus, als er mit ihm rang. Der Mann sagte: Laß mich los, denn die Morgenröte ist aufgestiegen. Jakob aber entgegnete: Ich lasse dich nicht los, wenn du mich nicht segnest. Jener fragte: Wie heißt du? Jakob, antwortete er. Da sprach der Mann: Nicht mehr Jakob wird man dich nennen, sondern Israel (Gottesstreiter); denn mit Gott und Menschen hast du gestritten und hast gewonnen. Nun fragte Jakob: Nenne mir doch deinen Namen! Jener entgegnete: Was fragst du mich nach meinem Namen? Dann segnete er ihn dort. Jakob gab dem Ort den Namen Penuël (Gottesgesicht) und sagte: Ich habe Gott von Angesicht zu Angesicht gesehen und bin doch mit dem Leben davongekommen.

Wort des lebendigen Gottes.
Dank sei Gott.

Evangelium

(aus dem 25. Kapitel des Matthäusevangeliums;
Mt 25,31–46)

Wenn der Menschensohn in seiner Herrlichkeit kommt und alle Engel mit ihm, dann wird er sich auf den Thron seiner Herrlichkeit setzen. Und alle Völker werden vor ihm zusammengerufen werden, und er wird sie voneinander scheiden, wie der Hirt die Schafe von den Böcken scheidet. Er wird die Schafe zu seiner Rechten versammeln, die Böcke aber zur Linken. Dann wird der König denen auf der rechten Seite sagen: Kommt her, die ihr von meinem Vater gesegnet seid, nehmt das Reich in Empfang, das seit der Erschaffung der Welt für euch bestimmt ist. Denn ich war hungrig, und ihr habt mir zu essen gegeben; ich war durstig, und ihr habt mir zu trinken gegeben; ich war fremd und obdachlos, und ihr habt mich aufgenommen; ich war nackt, und ihr habt mir Kleidung gegeben; ich war krank, und ihr habt mich besucht; ich war im Gefängnis, und ihr seid zu mir gekommen. Dann werden ihm die Gerechten antworten: Herr, wann haben wir dich hungrig gesehen und dir zu essen gegeben, oder durstig und dir zu trinken gegeben? Und wann haben wir dich fremd und obdachlos gesehen und aufgenommen, oder nackt und dir Kleidung gegeben? Und wann haben wir dich krank oder im Gefängnis gesehen und sind zu dir gekommen? Darauf wird der König ihnen antworten: Amen, ich sage euch: Was ihr für einen meiner geringsten Brüder getan habt, das habt ihr mir getan.

Dann wird er sich auch an die auf der linken Seite wenden und zu ihnen sagen: Weg von mir, ihr Verfluchten, in das ewige Feuer, das für den Teufel und seine Engel bestimmt ist! Denn ich war hungrig, und ihr habt mir nichts zu essen gegeben; ich war durstig, und ihr habt mir nichts zu trinken gegeben; ich war fremd und obdachlos, und ihr habt mich nicht aufgenommen; ich war nackt, und ihr habt mir keine Kleidung gegeben; ich war krank und im Gefängnis, und ihr habt mich nicht besucht. Dann werden auch sie antworten: Herr, wann haben wir dich hungrig oder durstig oder obdachlos oder nackt oder krank oder im Gefängnis gesehen und haben dir nicht geholfen? Darauf wird er ihnen antworten: Amen, ich sage euch: Was ihr für einen dieser Geringsten nicht getan habt, das habt ihr auch mir nicht getan. Und sie werden weggehen und die ewige Strafe erhalten, die Gerechten aber das ewige Leben.

Evangelium unseres Herrn Jesus Christus.
Lob sei dir, Christus.

Gebet

Herr, du bist groß und hoch zu loben;
groß ist deine Macht, deine Weisheit ohne Ende.
Und doch wagt der Mensch dich zu loben,
er, ein winziger Teil deiner Schöpfung,
er, der dem Tod verfallen ist,
er, der weiß um seine Sünde,
er, der weiß, daß du dem Hochmut widerstehst.
Aber du selbst willst es ja so:
loben sollen wir dich aus fröhlichem Herzen;
denn auf dich hin hast du uns geschaffen,
und unruhig ist unser Herz, bis es Ruhe erlangt
in dir. Amen.

NACH AURELIUS AUGUSTINUS

Texte

Jakob

O ISRAEL,
Erstling im Morgengrauenkampf
wo alle Geburt mit Blut
auf der Dämmerung geschrieben steht.
O das spitze Messer des Hahnenschreis
der Menschheit ins Herz gestochen,
o die Wunde zwischen Nacht und Tag
die unser Wohnort ist.

Vorkämpfer,
im kreißenden Fleisch der Gestirne
in der Nachtwachentrauer
daraus ein Vogellied weint.

O Israel,
du einmal zur Seligkeit endlich Entbundener –
des Morgentaus tröpfelnde Gnade
auf deinem Haupt –

Seliger für uns,
die in Vergessenheit Verkauften,
ächzend im Treibeis
von Tod und Auferstehung
und vom schweren Engel über uns
zu Gott verrenkt
wie du!

NELLY SACHS

Wer sind die Geringsten?

Der Schuhmacher Martin trauert um den Tod seines
einzigen Kindes. Als er, wie gewohnt, des Abends in

der Heiligen Schrift liest und darüber sinniert, hört er die Stimme Christi, der ihm verspricht, morgen zu ihm zu kommen. Am nächsten Tag schaut Martin unaufhörlich zum Fenster hinaus und wartet. Verschiedene Menschen kommen vorbei: zuerst ein alter Mann, der vom Schneeschippen müde ist; dann eine Frau, die mit ihrem kleinen Kind Schutz vor der Kälte sucht; schließlich ein Junge, der einer alten Frau einen Apfel gestohlen hat und jetzt mit ihr darum streitet. Martin läßt sie alle zu sich in die warme Werkstatt, spricht mit ihnen und gibt ihnen etwas zu essen. Am Abend sitzt er wieder allein an seinem Tisch, schwer enttäuscht darüber, daß der sehnsüchtig erwartete Besuch ausblieb. Doch als er dann erneut die Stimme hört und dabei all die Menschen vor Augen hat, denen er tagsüber begegnet ist, erkennt Martin: Christus war bei ihm zu Gast – in Gestalt der Menschen – der Geringsten – die durch ihn Zuwendung und Hilfe erfahren haben.

HERBERT HASLINGER
NACH LEO N. TOLSTOI (1828–1910)

Lieder

1. Menschen war-ten auf den Herrn. Einst kam er in der Armut. Wo Menschen heu-te arm sind, da ist Gott.

2 Menschen warten auf den Herrn. / Einst kam er, um zu helfen. / Wo Menschen heute lieben, da ist Gott.

3 Menschen warten auf den Herrn. / Einst kam er, zu verzeihen. / Wo Menschen heut vergeben, da ist Gott.

4 Menschen warten auf den Herrn. / Einst kam er, um zu leiden. / Wo Menschen heute leiden, da ist Gott.

5 Menschen warten auf den Herrn. / Einst kam er, um zu sterben. Wo Tod ist, da ist Leben, da ist Gott.

M UND T: KURT ROMMEL

1. Das sollt ihr, Je - su Jün - ger, nie ver - ges - sen: wir sind, die wir von ei - nem Bro - te es - sen, aus ei - nem Kel - che trinken, al - le Brü - der und Je - su Glie - der.

2 Wenn wir wie Brüder beieinander wohnten, / Gebeugte stärkten und der Schwachen schonten, / dann würden wir den letzten heilgen Willen / des Herrn erfüllen.

3 Ach, dazu müsse seine Lieb uns dringen! / Du wolltest, Herr, dies große Werk vollbringen, / daß unter einem Hirten eine Herde / aus allen werde.

NACH JOHANN ANTON CRAMER (1723–1788)

Volkslied

1. Brü - der, reicht die Hand zum Bun-de!

Die - se schö - ne Freunschafts - stun - de

führ uns hin zu lich - ten Höhn!

Laßt, was ir - disch ist, ent - flie-hen,

uns - rer Freundschaft Har - mo - ni - en

dau - ern e - wig fest ___ und schön,

dau - ern e - wig fest ___ und schön.

2 Preis und Dank dem Weltenmeister, / der die Herzen, der die Geister / für ein ewig Wirken schuf!/ Licht und Recht und Tugend schaffen / durch der Wahrheit heil'ge Waffen, / sei uns heiliger Beruf; / sei uns heiliger Beruf.

3 Ihr auf diesem Stern die Besten, / Brüder all in Ost und Westen, / wie im Süden und im Nord: / Wahrheit suchen, Tugend üben, / Gott und Menschen herzlich lieben, / das sei unser Losungswort; / das sei unser Losungswort.

M: WOLFGANG AMADEUS MOZART (1791)
T: BUNDESLIED (1824)

> Ich lasse dich nicht, du segnest mich denn
> (Gen 32,27).

BESUCH – BESUCHUNG – EINKEHR

Die Wallfahrt hat nicht nur ein Ziel. Unterwegs gibt es mehrere Stationen zum Anhalten, Ausruhen und Innehalten. Manche Stationen dienen mehr der Rast und Ruhe, andere mehr dem Innehalten und der Besinnung. Ein Etappenziel mag das Gasthaus am Abend sein, in das man zum Essen und zur Nachtruhe einkehrt, ein anderes eine Kapelle, die am Weg liegt, und wieder ein anderes Etappenziel eine Kirche, für deren Besuch man einen kleinen Umweg in Kauf nimmt.

Bei dem Wort „Einkehr" sind das Gasthaus oder die Herberge im Blick, die mit Essen und Trinken, einem Platz zum Ausruhen oder einem warmen Bett auf die Pilger/innen warten; bei dem Wort „Besuch" denken wir an die Stationen, Kapellen und Kirchen auf dem Weg, denen die Wallfahrer/innen einen Besuch abstatten.

Als Kind wurde man früher angehalten, an einer Kirche, einer Kapelle, einem Feldkreuz oder Bildstock nicht acht- und grußlos vorüberzugehen, sondern innezuhalten oder einzutreten, eine Kniebeuge und ein Kreuzzeichen zu machen, ein ‚Gelobt sei Jesus Christus', ein ‚Ehre sei dem Vater', ein ‚Ave Maria' oder ein anderes kurzes Gebet, etwa zum Namenspatron, zu sprechen: solches und ähnliches hieß damals: eine ‚Besuchung' machen.

Einkehr und Besuch also; beide Wörter haben mehrere Facetten. Die Einkehr bezieht sich nicht nur auf das Gasthaus, sondern man kehrt auch bei sich selber ein und nutzt die Station, um über sich nachzudenken, vielleicht den zurückgelegten Weg zu betrachten und Zwischenbilanz zu ziehen, wohin der Weg bisher geführt hat. Der Besuch meint nicht nur das Aufsuchen eines bestimmten Ortes, um ihn wiederzusehen oder neu kennenzulernen, sondern verweist auch auf das, was Menschen in ihrem Leben erstreben und wonach sie trachten. Vielleicht führen die einzelnen Besuche auf dem Weg einen Menschen zu der Frage, was er/sie im Leben „eigentlich" sucht, welche Sehnsucht hinter den vielen Suchbewegungen steht und gestillt werden will.

In der Bibel ist der Jakobsbrunnen so eine Station, bei der die Einkehr für einen Schluck Wasser zur Einkehr bei sich selber wird, und bei der der Besuch am Brunnen zur Frage nach der Lebenssehnsucht wird. Weil Jesus auf seinem Weg eine Zwischenstation macht und um einen Schluck bittet, wird die samaritische Frau zum Nachdenken über ihren bisherigen Lebensweg gebracht. Und weil Jesus sich nicht nur für seinen Durst, sondern auch für den Lebensdurst der Frau interessiert, kann sie ihre tiefere Sehnsucht wahrnehmen, worauf sie in ihrem Leben hofft und was sie für ihr Leben erwartet.

Bei einer Wallfahrt mögen die Etappenziele und Zwischenstationen den Durst und Hunger stillen und gleichzeitig bewußt machen. Durst und Hunger gibt es aber auch im übertragenen Sinn: das, wonach es Geist und Sinn, Gemüt, Herz und Seele verlangt und wodurch, wiederum im übertragenen Sinn, Leib und Seele, wie durch Essen und Trinken auch, zusammengehalten werden. Zum Pilgerweg und zum Wallfahren gehört es, gerade auf diese in-

neren Bedürfnisse zu achten. Vieles kommt einem
da, wenn diese Achtsamkeit erst einmal zugelassen
wird, in mehrfacher Hinsicht entgegen – oft ganz
ohne Anstrengung und zwanglos, aber doch als
echte Ent-Deckung und wirkliche Überraschung.
Und es führt in die Tiefe. Die ungezählten kunstvollen oder schlichten Zeugnisse vergangener und
noch lebendiger Frömmigkeit, all das, was unsere
uralte Kulturlandschaft an Reichtümern, an Vereh-
rungswürdigem, Staunens- und Betrachtenswertem
bereit hält – Bauten und Bilder, Auf- und Inschriften, Texte, Gebete, Lieder, Zeichen und Symbole in
Wort und Holz und Stein – warten bloß darauf,
wahrgenommen und in Gebrauch genommen zu
werden. In ihrer Vielfalt begegnet zugleich eine
große Offenheit, die jedem und jeder traditionelle
wie neue, geformte wie individuell-persönlich gestaltbare Anknüpfungspunkte bereit hält.

Besuch und Einkehr mögen helfen, bei sich selber zu dem vorzustoßen, was man „eigentlich"
sucht, und bei dem einzukehren, der/die man „eigentlich" ist. Im Wechsel von Unterwegssein und
Zwischenstation, von Sich-Aufmachen und Innehalten kann aufgehen, daß alles Suchen den Un-
endlichen meint und alle Kehren zu ihm hinführen
sollen.

Lied

1. Ihr Freun-de Got - tes all - zu - gleich,
er - fleht am Thro - ne al - le - zeit

ver - herr - licht hoch im Him-mel-reich,
uns Gna - de und Barmher - zig - keit.

1.-5. Helft uns in die - sem Er - den - tal,

daß wir durch Got - tes Gnad und Wahl

zum Him-mel kom-men all - zu - mal.

2 Vor allen du, o Königin, / Maria, milde Herrscherin, / ihr Engelchöre voller Macht, / die ihr habt treulich auf uns acht: Helft uns ...

3 Ihr Patriarchen hochgeborn / und ihr Propheten auserkorn, / o ihr Apostel allesamt, / erwählt zu solchem hohen Amt: Helft uns ...

4 O ihr gekrönten Märtyrer / und der Bekenner großes Heer, / o Schar der Jungfraun, Gott geweiht, / ihr Fraun, zu treuem Dienst bereit: Helft uns ...

5 Wir bitten euch, durch Christi Blut / für uns bei Gott stets Fürsprach tut; / der heiligsten Dreifaltigkeit / tragt vor die Not der Christenheit. Helft uns ...

M: INNSBRUCK (1588)
T: FRIEDRICH VON SPEE (1623)

Kehrvers

Beim Herrn ist Barmherzigkeit und rei-che Er-lö-sung.

M: Erna Woll

Psalm 116

1 Ich liebe den Herrn; * denn er hat mein lautes Flehen gehört

2 und sein Ohr mir zugeneigt * an dem Tag, als ich zu ihm rief.

3 Mich umfingen die Fesseln des Todes, / mich befielen die Ängste der Unterwelt, * mich trafen Bedrängnis und Kummer.

4 Da rief ich den Namen des Herrn an: * „Ach Herr, rette mein Leben!"

5 Der Herr ist gnädig und gerecht, * unser Gott ist barmherzig.

6 Der Herr behütet die schlichten Herzen; * ich war in Not, und er brachte mir Hilfe.

7 Komm wieder zur Ruhe, mein Herz! * Denn der Herr hat dir Gutes getan.

8 Ja, du hast mein Leben dem Tod entrissen, / meine Tränen getrocknet, * meinen Fuß bewahrt vor dem Gleiten.

9 So gehe ich meinen Weg vor dem Herrn * im Land der Lebenden.

10 Ehre sei dem Vater und dem Sohn * und dem Heiligen Geist,

11 wie im Anfang, so auch jetzt und alle Zeit * und in Ewigkeit. Amen.

Kehrvers

Lesung
(aus dem 4. Kapitel des Jesajabuches; Jes 4,2–6)

An jenem Tag wird, was der Herr sprossen läßt, für alle Israeliten, die entronnen sind, eine Zierde und Ehre sein; die Früchte des Landes sind ihr Stolz und Ruhm. Dann wird der Rest von Zion und wer in Jerusalem noch übrig ist, heilig genannt werden, jeder, der in Jerusalem in das Verzeichnis derer, die am Leben bleiben sollen, eingetragen ist. Wenn der Herr durch den Sturm des Gerichts und den Sturm der Läuterung von den Töchtern Zions den Kot abgewaschen und aus Jerusalems Mitte die Blutschuld weggespült hat, dann kommt er, und über dem ganzen Gebiet des Berges Zion und seinen Festplätzen erscheint bei Tag eine Wolke und bei Nacht Rauch und eine strahlende Feuerflamme. Denn über allem liegt als Schutz und Schirm die Herrlichkeit des Herrn; sie spendet bei Tag Schatten vor der Hitze und ist Zuflucht und Obdach bei Unwetter und Regen.

Wort des lebendigen Gottes.
Dank sei Gott.

Evangelium

(aus dem 4. Kapitel des Johannesevangeliums;
Joh 4,1–26)

Jesus erfuhr, daß die Pharisäer gehört hatten, er gewinne und taufe mehr Jünger als Johannes – allerdings taufte nicht Jesus selbst, sondern seine Jünger –; daraufhin verließ er Judäa und ging wieder nach Galiläa. Er mußte aber den Weg durch Samarien nehmen. So kam er zu einem Ort in Samarien, der Sychar hieß und nahe bei dem Grundstück lag, das Jakob seinem Sohn Josef vermacht hatte. Dort befand sich der Jakobsbrunnen. Jesus war müde von der Reise und setzte sich daher an den Brunnen; es war um die sechste Stunde.

Da kam eine samaritische Frau, um Wasser zu schöpfen. Jesus sagte zu ihr: Gib mir zu trinken! Seine Jünger waren nämlich in den Ort gegangen, um etwas zum Essen zu kaufen. Die samaritische Frau sagte zu ihm: Wie kannst du als Jude mich, eine Samariterin, um Wasser bitten? Die Juden verkehren nämlich nicht mit den Samaritern. Jesus antwortete ihr: Wenn du wüßtest, worin die Gabe Gottes besteht und wer es ist, der zu dir sagt: Gib mir zu trinken! dann hättest du ihn gebeten, und er hätte dir lebendiges Wasser gegeben. Sie sagte zu ihm: Herr, du hast kein Schöpfgefäß, und der Brunnen ist tief; woher hast du also das lebendige Wasser? Bist du etwa größer als unser Vater Jakob, der uns den Brunnen gegeben und selbst daraus getrunken hat, wie seine Söhne und seine Herden? Jesus antwortete ihr: Wer von diesem Wasser trinkt, wird wieder Durst bekommen; wer aber von dem Wasser trinkt, das ich ihm geben werde, wird niemals mehr Durst haben; vielmehr wird das Wasser, das ich ihm gebe, in ihm zur sprudelnden Quelle werden, deren Wasser ewiges Leben schenkt. Da sagte die Frau zu ihm: Herr, gib mir dieses Wasser, damit ich keinen Durst mehr habe und nicht mehr hierher kommen muß, um Wasser zu schöpfen. Er sagte zu ihr: Geh, ruf deinen Mann, und komm wieder her! Die Frau antwortete: Ich habe keinen Mann. Jesus sagte zu ihr: Du hast richtig gesagt: Ich habe keinen Mann. Denn fünf Männer hast du gehabt, und der, den du jetzt hast, ist nicht dein Mann. Damit hast du die Wahrheit gesagt.

Die Frau sagte zu ihm: Herr, ich sehe, daß du ein Prophet bist. Unsere Väter haben auf diesem Berg Gott angebetet; ihr aber sagt, in Jerusalem sei die Stätte, wo man anbeten muß. Jesus sprach zu ihr: Glaube mir, Frau, die Stunde kommt, zu der ihr weder auf diesem Berg, noch in Jerusalem den Vater anbeten werdet. Ihr betet an, was ihr nicht kennt, wir beten an, was wir kennen; denn das Heil kommt von den Juden. Aber die Stunde kommt, und sie ist schon da, zu der die wahren Beter den Vater anbeten werden im Geist und in der Wahrheit; denn so will der Vater angebetet werden. Gott ist Geist, und alle, die ihn anbeten, müssen im Geist und in der Wahrheit anbeten. Die Frau sagte zu ihm: Ich weiß, daß der Messias kommt, das ist: der Gesalbte. Wenn er kommt, wird er uns alles verkünden. Da sagte Jesus zu ihr: Ich bin es, ich, der mit dir spricht.

Evangelium unseres Herrn Jesus Christus.
Lob sei dir, Christus.

Gebete

Fliegender Gruß

Herr, wenn aus den Straßenströmen
Dich ein Herz von weitem grüßt,
Dich im Schrein des Hochaltares,
den das Schweigen breit umschließt,
wenn Dich trifft der kleine Funke,
Menschensohn, bist Du bewegt
so, daß Deine zarte Liebe
eine Gnad' hinüberträgt;
sei es Fügung auf dem Wege,
sei es Leuchten in den Geist:
irgendwie erquickend, lieblich
wird der Grüßende gespeist.

MARIA MENZ

An deinem Brunnen, Gott – Wechselgesang

A Am Brunnen,
B hier am Brunnen
C feiern wir das Leben.
D Wir hören das Rauschen
C und feiern das Leben.
A Wir sehen das Wasser sprudeln
B und denken an die Kraft Gottes,
C frisch, stark, unverbraucht.

Alle Am Brunnen feiern wir das Leben,
　　　　ahnen wir Gottes Kraft.

A Wasser gegen den Durst,
B erfrischende Kühle statt versengender Sonne,
D gleichmäßiges Plätschern anstelle von aufdring-
　　　lichem Lärm.

C   An deinem Brunnen, Gott, ist Platz für mich.

Alle   An deinem Brunnen, Gott, ist Platz für uns.

A   An deinem Brunnen, Gott, habe ich Zeit.
D   An deinem Brunnen, Gott,
A   begegne ich dir, begegne ich mir.
B   Ich erkenne mein Spiegelbild in dir.
C   An deinem Brunnen schöpfe ich.
B   Ich schöpfe Kraft
A   aus dir
D   für mein Leben.

Alle   Kraft für unser Leben.

A   Wie Frauen in biblischen Zeiten
B   sich am Brunnen trafen
D   zum Schöpfen und Reden,
A   wie Frauen in fernen Ländern
B   sich noch heute am Brunnen treffen
D   zum Schöpfen und Reden,
C   so finden wir Gemeinschaft bei unserem Mühen.

Alle   Gemeinschaft am Brunnen.

A   Am Brunnen
B   erinnern wir unseren Ursprung,
C   Gott, Quelle des Lebens.
A   Am Brunnen
B   spüren wir Tiefe,
C   die Tiefe des Reichtums und der Erkenntnis
Gottes.
B   Am Brunnen
C   vor Gott und in der Gemeinschaft der
Geschwister
D   reinigen wir uns,
A   erfrischen wir uns
B   für einen neuen Anfang.

Alle Wir trinken aus deiner Quelle und spüren
    deine Fülle in uns.

A Wir sind begabt
B mit Augen, die auf den Grund sehen.
A Wir sind begabt
D mit Händen, die kraftvoll aus der Tiefe schöpfen.
A Wir sind begabt
C mit Ohren, die auf die leisen Töne hören.

Alle Gottes Quelle in uns drängt ins Leben.

A Auch wenn die Brunnen aus unserem Alltag
    verschwinden,
B die Sehnsucht bleibt.
C Die Sehnsucht nach dem, was war,
D was nicht mehr ist,
C aber was wieder sein sollte.
A Gott, Quelle des Lebens,
B du sprudelst in uns
C unversiegbar, ausdauernd.
D Du sprudelst in uns.
A Wir schöpfen aus dir.

Alle Bis deine neue Schöpfung diese Erde
    erneuert.

HANNE KÖHLER

Texte

WAS wird aus dem, der das Wasser
Im Sieb seiner Hände getragen
Und es zerrann.
Und trinken kann er nicht mehr
Wenn es Abend wird

Kein Tropfen ist übrig. Genug nur
Die salzigen Augen zu kühlen
In der Mulde des Jammers. Genug
Daß ihm aufsteigt im Schatten der Lider
Das silberne Spiegelgesicht
Der unerschöpfliche See.

MARIE LUISE KASCHNITZ (1950)

Die Vorausgegangenen

Keiner kommt aus der Glorie,
im Schimmer, im Zeugnis
mitten in deinen Weg.

Sorgsam wahren sie den Schleier,
den kühlen Nebelflor,
in dem du stapfest
Strecke um Strecke,
durch den eine Ahnung dich steuert
zur goldenen Pforte.

Wenn du am Ende ablegen darfst
deine Mühsal der tastenden Treue,
so reicht der Engel im Tausch
dir den Schlüssel.
Aufatmend nahen
die seligen Freunde –

MARIA MENZ

Gewisse Fälle

Wir zählen Jahrhunderte zurück
zu den Lebenszeiten derer,

die als Seelen kommen und flehen:
sie sind so befleckt
und so trostlos darein gebunden.
Haben sie einmal den Weg gefunden
zu einem Schauenden,
so kann ihnen Hilfe geschehen.

Sie sagen, es ist sehr schwer,
überhaupt zurück zu gelangen –
dann noch, die Spur der Fähigen einzufangen.

Sie schweifen an ihren irdischen Stätten
um die Ihren, wenn sie noch da sind.
Sie seufzen, daß sie ihnen nah sind
ohne Verständigung,
weil Jene nicht schauen.

Es bleibt Einigen aber frei,
indirekt sich zu melden
durch Spuk
oder friedliche Zauberei.

Was ist einfacher,
als für sie zu beten
oder genugzutun nach bestem Wissen.
Sie würden, wenn sie könnten,
uns küssen.

MARIA MENZ

Lieder

1. An dei-nen Bru-nen, Gott, kann mich der Jam-mer
2. tra - gen. So, wie ich bin, so, wie ich bin stillst
3. du mir mei - ne Kla - gen.

M: BERND SCHLAUDT
T: HEIDI ROSENSTOCK

1. Gott füllt mir den Krug und ver-wand -
2. - delt mich, Kai - ros
3. Kai - ros.

M: BERND SCHLAUDT
T: HEIDI ROSENSTOCK

2 Wasser der Quelle, ströme zum Meer hin, / dir gleicht mein Leben, mündet in Gott.

3 Wasser der Wüste, brich aus dem Felsen, / Gott will dich tränken, Volk auf dem Weg.

4 Wasser aus Heimweh, Tränen die heilen, / Gott läßt mich weinen, wasch mein Gesicht.

5 Wasser des Lebens, sprudelnder Quellgrund, / Christus du Wahrheit, still meinen Durst.

6 Wasser der Taufe, löse, befreie, / schenk deinen Atem, Heiliger Geist.

M: Winfried Heurich
T: Helmut Schlegel

Volkslied

1. Am Brunnen vor dem To-re, da steht ein Linden-
baum; ich träumt' in seinem Schat-ten so
man-chen sü-ßen Traum. Ich schnitt in sei-ne
Rin-de so man-ches lie-be Wort; es
zog in Freud' und Lei-de zu ihm mich immer
fort, zu ihm ― mich im-mer fort.

2 Ich mußt' auch heute wandern vorbei in tiefer
Nacht; / da hab ich noch im Dunkeln die Augen zu-
gemacht. / Und seine Zweige rauschten, als riefen
sie mir zu: / Komm her zu mir, Geselle, hier findst
du deine Ruh, / hier findst du deine Ruh!

3 Die kalten Winde bliesen mir g'rad ins Angesicht; / der Hut flog mir vom Kopfe, ich wendete
mich nicht. / Nun bin ich manche Stunde entfernt
von jenem Ort, / und immer hör' ich's rauschen: Du
fändest Ruhe dort, / du fändest Ruhe dort!

M: Franz Schubert (1827)
T: Wilhelm Müller (1822)

Ich bin es, ich, der mit dir spricht (Joh 4,26).

ANKOMMEN UND ABSCHIED NEHMEN

Das Ziel ist auch das Ende. Mit der Freude über die Ankunft verbindet sich die Wehmut über den Abschied. Das Ziel darf nur gekostet werden. Den ganzen Weg lang war es gegenwärtig, und jetzt – am Ziel angekommen – entzieht es sich schon wieder. Obwohl immer weit weg, war es im Gehen näher als in der Ankunft, denn im Moment des Ankommens entfernt sich das Ziel, und Abschied beginnt.

Vielleicht sollte deshalb auch die Ankunft noch einmal als Weg gestaltet werden: Die Wallfahrt wird dann am Ziel zur Prozession. Der Zielort, eine Kirche oder Kapelle, empfängt die Pilger und Pilgerinnen auf dem Kreuzweg, der zur Kultstätte hinführt oder im Kirchraum selbst begangen werden kann. Die Kirche wird erschritten, indem man sie umschreitet und in sie einzieht.

Auf der großen Wallfahrt zu „Unserer Lieben Frau von Chartres", der Kathedrale, am Ziel angekommen, zogen einst die Pilger und Pilgerinnen zunächst durch das nachtfinstere „U" der Krypta, stiegen dann hinauf, gelangten durch eine „enge Pforte" ins Innere der Kirche, ins Heiligtum, ins licht- und farbverzauberte „Himmlische Jerusalem", und zogen dem rechten Seitenschiff folgend hinter dem Altarraum vorbei ins linke Seitenschiff, wiederholten also in gegenläufiger Richtung in der Kathedrale selbst noch einmal dieses „U". Anschließend, auf dem Weg durchs Mittelschiff, begingen oder durchtanzten sie das Labyrinth. In dessen

Mitte angekommen, erreichten sie schließlich mit wenigen, letzten Schritten die Vierung, im Kreuzungspunkt von Längs- und Querschiff, das Herz der Kathedrale vor dem abgeschirmten göttlichen Bezirk, dem Altarraum im Chor, der nicht betreten wurde. So führten diese letzten Schritte zum Höhepunkt ihres ganzen Unterwegsseins und gleichzeitig an sein Ende.

Bisweilen beinhaltet das Erlebnis des Ankommens ein Gefühl der Enttäuschung. Zu kurz scheint der Moment der glücklichen Ankunft, zu knapp die Zeit der Freude über das erreichte Ziel. Auch der Jünger und die Jüngerin von Emmaus mögen mitten in der Freude Enttäuschung empfunden haben. Kaum waren sie am Ziel ihrer Träume – Jesus war mitten unter ihnen und brach mit ihnen das Brot –, entwich er ihnen wieder, und sie waren allein. Hätte er nicht noch ein bißchen bleiben können? Hätte das Erleben nicht länger andauern können? Es war nicht einmal Zeit, Abschied zu nehmen! Doch das schnelle Ende und vielleicht die Enttäuschung führen nicht zu Resignation, sondern die beiden lenken ihren Blick auf den Weg: „Brannte uns nicht das Herz, als er mit uns unterwegs war!" Auch am Ziel geht es um den Weg, um die tiefste Erfahrung des Weges und um seine Bewertung aus der Erfahrung des Ziels.

Bevor Mose, am Ende des Wüstenzugs und vor dem ersehnten Ziel, dem verheißenen Land, in das er selbst nur hinüberblicken, aber nicht gelangen durfte, den Tod findet auf dem Berg Nebo, singt er vor dem Volk sein Lied. Jenes Lied, das er, auf Geheiß Gottes, das Volk lehren soll. Und er rekapituliert und bewertet die Wegerfahrung im Angesicht des Ziels als Weisung zum Leben, die nicht dem Vergessen anheimfallen darf.

Bei einer Wallfahrt dreht sich alles um den Weg. Am Ziel kann man ankommen, auf dem Weg nicht. Vom Ziel muß man sich verabschieden, vom Weg nicht. Der Weg geht weiter und bleibt. Weg und Wegerfahrung bleiben so lange, so lange wir Menschen sind, unterwegs in der Welt, unterwegs zu Gott.

Lied

1. Herr, geh mit uns, ___ wenn wir nun nach Hau - se gehn. Herr, geh mit uns, ___ geh mit uns hin - aus in die Welt. Herr, geh mit uns, ___ daß es al - le sehn, daß du, Herr, ___ in uns lebst.

2 Du hast uns, Herr, reich beschenkt mit deinem Wort. / Du hast uns, Herr, liebevoll gedeckt deinen Tisch. / Du hast uns, Herr, deinen Segen geschenkt und lebst nun, Herr, in uns.

3 Wenn wir nun gehn, soll es nicht wie gestern sein. / Wenn wir nun gehn, soll's ein neuer Anfang sein. / Wenn wir nun gehn, mußt du mit uns gehn, weil du, Herr, das Leben bist.

4 Herr, geh mit uns, wenn wir nun nach Hause gehn. / Herr, geh mit uns, geh mit uns hinaus in die Welt. / Herr, geh mit uns, daß es alle sehn, daß du, Herr, in uns lebst.

M u. T: Kathi Stimmer-Salzeder

Kehrvers

M: Heinrich Rohr

Psalm 122

1 Ich freute mich, als man mir sagte: * „Zum Haus des Herrn wollen wir pilgern."

2 Schon stehen wir in deinen Toren, Jerusalem: / Jerusalem, du starke Stadt, * dicht gebaut und fest gefügt.

3 Dorthin ziehen die Stämme hinauf, die Stämme des Herrn, * den Namen des Herrn zu preisen.

4 Erbittet für Jerusalem Frieden! * Wer dich liebt, sei in dir geborgen!

5 Friede wohne in deinen Mauern, * in deinen Häusern Geborgenheit!

6 Wegen meiner Brüder und Freunde * will ich sagen: In dir sei Friede!

7 Wegen des Hauses des Herrn, unseres Gottes, * will ich dir Glück erflehen.

8 Ehre sei dem Vater und dem Sohn * und dem Heiligen Geist,

9 wie im Anfang, so auch jetzt und alle Zeit * und in Ewigkeit. Amen.

Kehrvers

Lesung
(aus dem 32. Kapitel des Buches Deuteronomium; Dtn 32,44–47)

Dann kam Mose zum Volk und trug ihm das Lied vor [...]. Als Mose damit zu Ende war, alle diese Worte vor ganz Israel vorzutragen, sagte er zu ihnen: Schenkt allen Bestimmungen eure Beachtung. Heute beschwöre ich euch: Verpflichtet eure Kinder, daß auch sie auf alle Bestimmungen dieser Weisung achten und sie halten. Das ist kein leeres Wort, das ohne Bedeutung für euch wäre, sondern es ist euer Leben. Wenn ihr diesem Wort folgt, werdet ihr lange in dem Land leben, in das ihr jetzt über den Jordan hinüberzieht, um es in Besitz zu nehmen.

Wort des lebendigen Gottes.
Dank sei Gott.

Evangelium

(aus dem 24. Kapitel des Lukasevangeliums;
Lk 24,13–35)

Am gleichen Tag waren zwei von den Jüngern auf
dem Weg in ein Dorf namens Emmaus, das sechzig
Stadien von Jerusalem entfernt ist. Sie sprachen
miteinander über all das, was sich ereignet hatte.
Während sie redeten und ihre Gedanken austausch-
ten, kam Jesus hinzu und ging mit ihnen. Doch sie
waren wie mit Blindheit geschlagen, so daß sie ihn
nicht erkannten. Er fragte sie: Was sind das für
Dinge, über die ihr auf eurem Weg miteinander redet? Da blieben sie traurig stehen, und der eine von
ihnen – er hieß Kleopas – antwortete ihm: Bist du so
fremd in Jerusalem, daß du als einziger nicht weißt,
was in diesen Tagen dort geschehen ist? Er fragte:
Was denn? Sie antworteten ihm: Das mit Jesus von
Nazaret. Er war ein Prophet, mächtig in Wort und
Tat vor Gott und dem ganzen Volk. Doch unsere Hohenpriester und Führer haben ihn zum Tod verur-
teilen und ans Kreuz schlagen lassen. Wir aber hatten gehofft, daß er der sei, der Israel erlösen werde.
Und dazu ist heute schon der dritte Tag, seitdem das
alles geschehen ist. Aber nicht nur das: Auch einige
Frauen aus unserem Kreis haben uns in große Auf-
regung versetzt. Sie waren in der Frühe beim Grab,
fanden aber seinen Leichnam nicht. Als sie zurück-
kamen, erzählten sie, es seien ihnen Engel erschienen und hätten gesagt, er lebe. Einige von uns gingen dann zum Grab und fanden alles so, wie die
Frauen gesagt hatten; ihn selbst aber sahen sie
nicht.

Da sagte er zu ihnen: Begreift ihr denn nicht?
Wie schwer fällt es euch, alles zu glauben, was die

Propheten gesagt haben. Mußte nicht der Messias all das erleiden, um so in seine Herrlichkeit zu gelangen? Und er legte ihnen dar, ausgehend von Mose und allen Propheten, was in der gesamten Schrift über ihn geschrieben steht. So erreichten sie das Dorf, zu dem sie unterwegs waren. Jesus tat, als wolle er weitergehen, aber sie drängten ihn und sagten: Bleib doch bei uns; denn es wird bald Abend, der Tag hat sich schon geneigt. Da ging er mit hinein, um bei ihnen zu bleiben. Und als er mit ihnen bei Tisch war, nahm er das Brot, sprach den Lobpreis, brach das Brot und gab es ihnen. Da gingen ihnen die Augen auf, und sie erkannten ihn; dann sahen sie ihn nicht mehr. Und sie sagten zueinander: Brannte uns nicht das Herz in der Brust, als er unterwegs mit uns redete und uns den Sinn der Schrift erschloß? Noch in derselben Stunde brachen sie auf und kehrten nach Jerusalem zurück, und sie fanden die Elf und die anderen Jünger versammelt. Diese sagten: Der Herr ist wirklich auferstanden und ist dem Simon erschienen. Da erzählten auch sie, was sie unterwegs erlebt und wie sie ihn erkannt hatten, als er das Brot brach.

Evangelium unseres Herrn Jesus Christus.
Lob sei dir, Christus.

Gebet

Herr Jesus Christus,
wir sind müde.
Müde und dankbar.
Ein langer, schöner, reicher Weg liegt hinter uns.
Gemeinsam sind wir am Ziel.
Und du bist bei uns.

Du bleibst bei uns,
so wie du mit uns warst,
als wir miteinander gingen,
als wir miteinander Rast und Mahl hielten,
als wir unsere Gaben, Gedanken und Worte
miteinander teilten,
als wir staunten und uns freuten,
als wir unsere Erschöpfung überwanden,
als wir einander stützten und halfen,
als wir miteinander sangen und meditierten und
beteten.

Laß uns in dir vereint bleiben und verbunden,
wenn unsere Wege sich nun trennen
und wir jetzt Abschied nehmen voneinander. Amen.

MICHAEL KESSLER

Lieder

1. Du läßt _ den Tag, o Gott, nun enden und
brei - test Dun - kel ü - bers Land. Wir
wa - ren heut _ in dei - nen Händen, nimm
uns _ auch jetzt _ in dei - ne Hand.

2 Die Erde kreist dem Tag entgegen, wir ruhen aus in deiner Nacht. / Wir danken dir für Schutz und Segen / wie jeder Mensch, der betend wacht.

3 Wenn uns der Schein der Sonne schwindet und Licht den fernen Ländern bringt, / wird dein Erbarmen dort verkündet, / vieltausendfach dein Lob erklingt.

4 Denn wie der Morgen ohne Halten als Leuchten um die Erde geht, / scheint auf in wechselnden Gestalten / ein unaufhörliches Gebet.

5 Dein Reich, o Gott, ist ohne Grenzen. Auch da, wo Menschenmacht regiert, / wird neu der große Tag erglänzen, / zu dem du alle Menschen führst.

M: Clement Cotterit Scholefield (1874)
T: John Ellerton („The day Thou gavest
Lord is ended") (1870)
Ü: Raymund Weber (1989)

1. Mein schönste Zier ___ und Kleinod bist auf Erden du, Herr Jesu Christ; dich will ich lassen walten und allezeit in Lieb und Leid in meinem Herzen halten.

2 Dein Lieb und Treu vor allem geht, / kein Ding auf Erd so fest besteht; / das muß man frei bekennen. / Drum soll nicht Tod, / nicht Angst, nicht Not / von deiner Lieb mich trennen.

3 Dein Wort ist wahr und trüget nicht / und hält gewiß, was es verspricht, / im Tod und auch im Leben. / Du bist nun mein / und ich bin dein; / dir hab ich mich ergeben.

4 Der Tag nimmt ab. Ach, schönste Zier, / Herr Jesu Christ, bleib du bei mir; / es will nun Abend werden. / Laß doch dein Licht / auslöschen nicht / bei uns allhier auf Erden.

M: Leipzig (1573)
T: Leipzig (1597)

Kanon

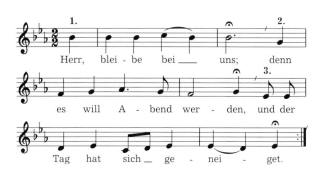

M: Albert Thate
T: Lk 24,29

1. Nun sich der Tag ge - en - det, mein Herz sich zu dir wen - det und danket in - nig - lich; dein hol - des An - ge - sich - te zum Se - gen auf mich rich - te, er - leuch - te und ent - zün - de mich.

2 Vor dich mit Ehrfurcht treten, / dich loben, dich anbeten, / o davon lebet man. / Wohl dem, den du erlesen, / du seligmachend Wesen, / daß er zu dir so nahen kann!

3 Die Zeit ist wie verschenket, / drin man nicht dein gedenket; / da hat man's nirgends gut. / Weil du uns Herz und Leben / allein für dich gegeben, / das Herz allein in dir auch ruht.

4 Ich schließe mich aufs neue / in deine Vatertreue / und Schutz und Herze ein; / die fleischlichen Geschäfte / und alle finstern Kräfte / vertreibe durch dein Nahesein.

5 Daß du mich stets umgibest, / daß du mich herzlich liebest / und rufst zu dir hinein, / daß du vergnügst alleine / so wesentlich, so reine, / laß früh und spät mir wichtig sein.

6 Ein Tag, der sagt dem andern, / mein Leben sei ein Wandern / zur großen Ewigkeit. / O Ewigkeit, so schöne, / mein Herz an dich gewöhne! / Mein Heim ist nicht in dieser Zeit.

GERHARD TERSTEEGEN (1697–1769)

Texte

Abschied

Wie hab ich das gefühlt, was Abschied heißt.
Wie weiß ichs noch: ein dunkles unverwundnes
grausames Etwas, das ein Schönverbundnes
noch einmal zeigt und hinhält und zerreißt.

Wie war ich ohne Wehr, dem zuzuschauen,
das, da es mich, mich rufend, gehen ließ,
zurückblieb, so als wärens alle Frauen
und dennoch klein und weiß und nichts als dies:

Ein Winken, schon nicht mehr auf mich bezogen,
ein leise Weiterwinkendes –, schon kaum
erklärbar mehr: vielleicht ein Pflaumenbaum,
von dem ein Kuckuck hastig abgeflogen.

RAINER MARIA RILKE (1875–1926)

Abschied

Ich ließ die Türe offen,
Langsam ging ich die Stufen.
Ich dachte: vielleicht, daß du riefest –
Aber du hast nicht gerufen.

Ach, das ist der Regen
Auf meinem Gesicht.
Ich bin von dir gegangen.
Du fühltest es nicht.

Du bist gegangen – ach –
Und ich hatte so viel noch zu fragen.
Du hattest Antwort – ach –
Und hast sie von hinnen getragen.

Nun sitze ich, arm, allein,
Mit meiner dunkelen Seele,
Und wandle zu Klang den Stein
Und hauche mein Herz durch die Kehle.

Ina Seidel (1885–1974)

Abschiedsritual

Meine Hand als Merkzettel (nach Jes 49,16)

Etwas in die Hand schreiben – wie oft habe ich meine Hand als Merkzettel benützt – als Schülerin für eine Formel in Mathe oder Physik, für eine Vokabel in Französisch – später für eine Telefonnummer oder sonst etwas Wichtiges.

Und ich erinnere mich an ein Spiel. Wir – Eltern, Geschwister und Freunde – saßen im Garten unter unserem Birnbaum. Jeder hatte eine Kohlemine in der Hand und schrieb auf ein Zeichen den Namen von einem aus dem Kreis in seine Hand. „Gewonnen" hatte, wessen Name mehrere Male genannt worden war. Ein Kleinkinderspiel – mag sein. Geblieben aber ist die Erinnerung, wie wohltuend es war, zu wissen, daß einige meinen Namen in ihre Hand geschrieben hatten. Und heute – nichts ist mehr wie damals – oder doch? Sie ist da – sie umgibt mich – die Sehnsucht nach Schutz und Geborgenheit, nach Wärme und Zuneigung.

Was für eine umwerfende Zusage übermittelt mir an dieser Stelle der Prophet: „Wenn sogar die vergessen würden – ich aber, ich vergesse dich nie. Schau, auf meine Handflächen habe ich dich eingeritzt."

Nicht nur geschrieben – eingeritzt – das tut weh. Doch – da ist einer, der bereit ist, mit mir alles zu teilen – Freud und Leid – seine Hand bietet Schutz und Geborgenheit – ihm kann ich vertrauen – mein Name hat bleibende Spuren in seiner Hand hinterlassen.

Wessen Namen habe ich in meine Hand eingeritzt?

Wer hinterläßt in meiner Hand solche Spuren?

Anne Enderwitz

Die Teilnehmer/innen bilden einen Kreis und fassen sich bei den Händen. Sie singen eines der nachfolgenden Lieder miteinander. Dann verneigen sie sich gemeinsam zur Mitte hin und stehen eine Weile schweigend.

Jede/jeder schreibt nun der/dem linken und rechten Nachbarin/Nachbarn ihren/seinen Namen (oder Vornamen) in die Hand.

Danach fassen sich alle noch einmal bei den Händen, verneigen sich zur Mitte hin und bleiben noch eine Weile schweigend stehen.

Volkslieder

1. Un-ser Le-ben gleicht der Rei-se
ei-nes Wand-rers in der Nacht.
Je-der hat in sei-nem Glei-se
et-was, das ihm Kum-mer macht,
et-was, das ihm Kum-mer macht.

2 Aber unerwartet schwindet vor uns Nacht und Dunkelheit, / und der Schwerbedrückte findet Linderung in seinem Leid, / Linderung in seinem Leid.

3 Darum laßt uns weitergehen, weichet nicht verzagt zurück! / Dort in jenen fernen Höhen wartet unser noch ein Glück, / wartet unser noch ein Glück.

4 Mutig, mutig, liebe Brüder, gebt die bangen Sorgen auf: / morgen geht die Sonne wieder freundlich an dem Himmel auf, / freundlich an dem Himmel auf.

BERESINALIED

1. Nehmt Ab - schied Brü - der, un - ge-wiß ist al - le Wie-der - kehr, die Zu-kunft liegt in Fin - ster-nis und macht das Herz uns schwer. Der Him - mel wölbt sich ü - bers Land, a - de, auf Wie-der - sehn, wir ru - hen all in Got - tes Hand, lebt wohl auf Wie-der - sehn!

2 Die Sonne sinkt, es steigt die Nacht, vergangen ist der Tag, / die Welt schläft ein und leis erwacht der Nachtigallen Schlag. / Der Himmel ...

3 So ist in jedem Anbeginn das Ende nicht mehr weit, / wir kommen her und gehen hin und mit uns geht die Zeit. / Der Himmel ...

4 Nehmt Abschied Brüder, schließt den Kreis, das Leben ist ein Spiel, / nur wer es recht zu spielen weiß, gelangt ans große Ziel. / Der Himmel ...

M: SCHOTTISCHES VOLKSLIED
T: CLAUS-LUDWIG LAUE

Brannte nicht unser Herz in uns, als er auf dem Weg mit uns redete? (Lk 24,32).

Geistliche und liturgische Gestaltungselemente

Grundgebete

Kreuzzeichen

Im Namen des Vaters und des Sohnes und des Heiligen Geistes. Amen.

Ehre sei dem Vater

Ehre sei dem Vater und dem Sohn und dem Heiligen Geist, wie im Anfang, so auch jetzt und alle Zeit und in Ewigkeit. Amen.

Vaterunser

Vater unser im Himmel,
geheiligt werde dein Name.
Dein Reich komme.
Dein Wille geschehe, wie im Himmel so auf Erden.
Unser tägliches Brot gib uns heute.
Und vergib uns unsere Schuld,
wie auch wir vergeben unsern Schuldigern.
Und führe uns nicht in Versuchung,
sondern erlöse uns von dem Bösen.
Denn dein ist das Reich und die Kraft und die
Herrlichkeit in Ewigkeit.
Amen.

Das Apostolische Glaubensbekenntnis

Ich glaube an Gott, / den Vater, den Allmächtigen, / den Schöpfer des Himmels und der Erde, /

und an Jesus Christus, / seinen eingeborenen Sohn, unsern Herrn, / empfangen durch den Heiligen Geist, / geboren von der Jungfrau Maria, / gelitten unter Pontius Pilatus, / gekreuzigt, gestorben und begraben, / hinabgestiegen in das Reich des Todes, / am dritten Tage auferstanden von den Toten, / aufgefahren in den Himmel; / er sitzt zur Rechten Gottes, des allmächtigen Vaters; / von dort wird er kommen, zu richten die Lebenden und die Toten. /

Ich glaube an den Heiligen Geist, / die heilige katholische (christliche) Kirche, / Gemeinschaft der Heiligen, / Vergebung der Sünden, / Auferstehung der Toten / und das ewige Leben. / Amen.

Ave Maria – Gegrüßet seist du, Maria

Gegrüßet seist du, Maria, voll der Gnaden, der Herr ist mit dir. Du bist gebenedeit unter den Frauen, und gebenedeit ist die Frucht deines Leibes, Jesus.

Heilige Maria, Mutter Gottes, bitte für uns Sünder, jetzt und in der Stunde unseres Todes. Amen.

Angelus – Engel des Herrn

Der Engel des Herrn brachte Maria die Botschaft, und sie empfing vom Heiligen Geist.

Gegrüßet seist du, Maria …

Maria sprach: Siehe, ich bin die Magd des Herrn;
mir geschehe nach deinem Wort.

Gegrüßet seist du, Maria ...

Und das Wort ist Fleisch geworden und hat unter
uns gewohnt.

Gegrüßet seist du, Maria ...

V Bitte für uns, heilige Gottesmutter,
A daß wir würdig werden der Verheißung Christi.
V Lasset uns beten. – Allmächtiger Gott, gieße
deine Gnade in unsere Herzen ein. Durch die
Botschaft des Engels haben wir die Menschwerdung Christi, deines Sohnes, erkannt. Laß uns
durch sein Leiden und Kreuz zur Herrlichkeit
der Auferstehung gelangen. Darum bitten wir
durch Christus, unseren Herrn.
A Amen.

Morgengebete

Von guten Mächten wunderbar geborgen
erwarten wir getrost, was kommen mag.
Gott ist mit uns am Abend und am Morgen
und ganz gewiß an jedem neuen Tag.

DIETRICH BONHOEFFER

Beim aufgehenden Morgenlicht preisen wir dich,
o Herr;
denn du bist der Erlöser der ganzen Schöpfung.
Schenk uns in deiner Barmherzigkeit einen Tag,
erfüllt mit deinem Frieden.
Vergib uns unsere Schuld.

Laß unsere Hoffnung nicht scheitern.
Verbirg dich nicht vor uns.
In deiner sorgenden Liebe trägst du uns;
laß nicht ab von uns.
Du allein kennst unsere Schwäche.
O Gott, verlaß uns nicht.

OSTSYRISCHE CHRISTEN

Wie fröhlich bin ich aufgewacht,
wie hab ich geschlafen so sanft die Nacht!
Hab Dank im Himmel, du Vater mein,
daß du hast wollen bei mir sein.
Behüte mich auch diesen Tag,
daß mir kein Leid geschehen mag.

Wir sind erwacht. Der Schlaf ist noch in unseren
Augen, aber auf unseren Lippen soll sofort dein Lob
sein. Wir loben und preisen dich und beten dich an.
Wir, das ist die Erde, das Wasser und der Himmel.
Das sind die Gräser und Sträuche und Bäume. Das
sind die Vögel und alle anderen Tiere. Das sind die
Menschen hier auf der Erde.
Alles, was du erschaffen hast, freut sich an deiner
Sonne und an deiner Gnade und wärmt sich daran.
Darum sind wir so froh in dieser Morgenstunde, o
Herr. Mach, daß die Stunden und Minuten nicht in
unseren Händen zerrinnen, sondern in deine Fülle
münden.

AUS AFRIKA

Tischgebete

Aller Augen warten auf dich, o Herr; du gibst uns Speise zur rechten Zeit. Du öffnest deine Hand und erfüllst alles, was lebt, mit Segen.

Herr, segne uns und diese Gaben, die wir von deiner Güte nun empfangen, durch Christus, unsern Herrn. Amen.

Segne, Vater, unser Essen.
Laß uns Neid und Haß vergessen,
schenke uns ein fröhlich Herz.
Leite du so Herz und Hände,
führe du zum guten Ende
unsre Freude, unsern Schmerz.

O Gott, von dem wir alles haben,
wir danken dir für diese Gaben.
Du speisest uns, weil du uns liebst.
O segne auch, was du uns gibst. Amen.

Abendgebete

Deinen Frieden, Herr, gib uns vom Himmel, und dein Friede bleibe in unseren Herzen. Laß uns schlafen in Frieden und wachen in dir, auf daß wir vor keinem Grauen der Nacht uns fürchten.

Alkuin

Bleibe bei uns, Herr, denn es will Abend werden, und der Tag hat sich geneigt. Bleibe bei uns und bei deiner ganzen Kirche. Bleibe bei uns am Abend des Tages, am Abend des Lebens, am Abend der Welt. Bleibe bei uns mit deiner Gnade und Güte, mit deinem heiligen Wort und Sakrament, mit deinem Trost und Segen. Bleibe bei uns, wenn über uns kommt die Nacht der Trübsal und Angst, die Nacht des Zweifels und der Anfechtung, die Nacht des bitteren Todes. Bleibe bei uns und bei allen deinen Gläubigen in Zeit und Ewigkeit. Amen.

Bewahre uns, Herr, wenn wir wachen;
behüte uns, wenn wir schlafen,
damit wir wachen mit Christus
und ruhen in Frieden. Amen.

Müde bin ich, geh zur Ruh,
schließ die müden Augen zu;
Vater, laß die Augen dein
über meinem Bette sein.

Hab ich Unrecht heut getan,
sieh es, lieber Gott, nicht an!
Deine Gnad und Christi Blut
machen allen Schaden gut.

Alle, die mir sind verwandt,
Gott, laß ruhn in deiner Hand!
Alle Menschen, groß und klein,
sollen dir befohlen sein. Amen.

Abendlied

1. Der Mond ist auf - ge - gan - gen, die goldnen Sternlein pran - gen am Himmel hell und klar. Der Wald steht schwarz und schweiget, und aus den Wie - sen stei - get der wei - ße Ne - bel wun - der - bar.

2 Wie ist die Welt so stille, / und in der Dämmrung Hülle / so traulich und so hold / als eine stille Kammer, / wo ihr des Tages Jammer / verschlafen und vergessen sollt.

3 Seht ihr den Mond dort stehen? – / Er ist nur halb zu sehen, / und ist doch rund und schön. / So sind wohl manche Sachen, / die wir getrost belachen, / weil unsre Augen sie nicht sehn.

4 Wir stolzen Menschenkinder / sind eitel arme Sünder, / und wissen gar nicht viel. / Wir spinnen Luftgespinste / und suchen viele Künste / und kommen weiter von dem Ziel.

5 Gott, laß uns dein Heil schauen, / auf nichts Vergänglichs trauen, / nicht Eitelkeit uns freun! / Laß uns einfältig werden / und vor dir her auf Erden / wie Kinder fromm und fröhlich sein.

6 Wollst endlich sonder Grämen / aus dieser Welt uns nehmen / durch einen sanften Tod; / und wenn du uns genommen, / laß uns in Himmel kommen, / du unser Herr und unser Gott.

7 So legt euch denn, ihr Brüder, / in Gottes Namen nieder; / kalt ist der Abendhauch. / Verschon uns, Gott, mit Strafen / und laß uns ruhig schlafen. / Und unsern kranken Nachbar auch.

M: Johann Abraham Peter Schulz (1790)
T: Matthias Claudius (1740–1815)

Pilgersegen und Pilgergebete

Den Weg des Friedens führe uns der allmächtige und barmherzige Herr. Sein Engel geleite uns auf dem Weg, daß wir wohlbehalten heimkehren in Frieden und Freude.

Herr, unser Gott, du bist das Ziel und die Erfüllung aller unserer Wege. Deshalb bitten wir dich um deinen Segen auf unserem Pilgerweg durch Christus, unsern Herrn. Amen.

Vater im Himmel, du hast deinen Knecht Abraham auf allen Wegen unversehrt behütet. Du hast die Kinder Israels auf trockenem Pfad mitten durch das Meer geführt. Durch den Stern hast du den Weisen aus dem Morgenland den Weg zu Christus gezeigt.
Geleite auch uns auf unserer Wallfahrt (auf unserem Pilgerweg) nach N. Laß uns deine Gegenwart erfahren und mehre unsere Liebe. Schütze uns vor

allen Gefahren und bewahre uns vor jedem Unfall.
Führe uns glücklich ans Ziel unserer Fahrt und laß
uns unversehrt nach Hause zurückkehren. Gewähre
uns schließlich, daß wir sicher das Ziel unserer irdischen Pilgerfahrt erreichen und das ewige Heil erlangen. Darum bitten wir durch Christus, unseren
Herrn. Amen.

Herr, unser Gott und Gott unserer Väter, möge es
dein Wille sein, uns in Frieden zu leiten, unsere
Schritte auf den Weg des Friedens zu richten und
uns wohlbehalten zum Ziel unserer Reise zu führen.
Behüte uns vor aller Gefahr, die uns auf dem Weg
bedroht. Bewahre uns vor Unfall und vor Unglück,
das über die Welt Unruhe bringt. Segne die Arbeit
unserer Hände. Laß uns Gnade und Barmherzigkeit
vor deinen Augen finden; Verständnis und Freund-
lichkeit bei allen, die uns begegnen. Höre auf die
Stimme unseres Gebetes. Gepriesen seist du, o Gott,
der du unser Gebet erhörst. Amen.

Jüdisches Reisegebet

Gott, du hast deinen Knecht Abraham aus der Stadt
Ur in Chaldäa herausgerufen. Du hast ihn behütet
auf all seinen Pilgerreisen; du warst auch der Führer des jüdischen Volkes durch die Wüste. Wir bitten dich, behüte auch diese (uns) deine Diener, die
aus Liebe zu deinem Namen zur Pilgerreise nach
Santiago de Compostela (auf Jakobswegen) aufbrechen. Sei ihnen Begleiter während ihres Unterwegsseins, Führer auf schwierigem Weg, Kraft in der Er-
müdung, Verteidiger in aller Gefahr, Ruheplatz auf

dem Weg, Schatten in der Hitze, Licht im Dunkel, Trost in der Mutlosigkeit und Stärkung in ihren Vorsätzen, damit sie unter deinem Geleit unversehrt ans Ziel ihrer Reise gelangen. Damit sie, reich an Gnaden und Tugenden, heil zurückkehren in ihre Heimat, in der sie mit Schmerzen vermißt werden, und dort gesund und voller Freude leben. Der Segen des Allmächtigen, des Vaters, des Sohnes und des Heiligen Geistes, komme über euch alle und bleibe bei euch. Amen.

Herr Sankt Jakob! Jakob, großer Santiago, jetzt und immer! Gott helfe uns.

Benedicion de Peregrinos 1078

Herr, sei du vor mir, um mir den Weg zu zeigen.

Herr, sei du neben mir, um mich in deine Arme zu schließen und mich zu schützen.

Herr, sei du unter mir, um mich aufzufangen, wenn ich falle, und mich aus der Schlinge zu ziehen.

Herr, sei du in mir, um mich zu trösten, wenn ich traurig bin.

Herr, sei du um mich herum, um mich zu verteidigen, wenn andere über mich herfallen.

Herr, sei über mir, um mich zu segnen.

4. Jahrhundert

Der Herr segne dich!
Er erfülle deine Füße mit Tanz
und deine Arme mit Kraft.
Er erfülle dein Herz mit Zärtlichkeit
und deine Augen mit Lachen.

Er erfülle deine Ohren mit Musik
und deine Nase mit Wohlgerüchen.
Er erfülle deinen Mund mit Jubel
und dein Herz mit Freude.

Er schenke dir immer neu
die Gnade der Wüste:
– Stille
– frisches Wasser
– und neue Hoffnung.
Er gebe uns allen immer neu die Kraft,
der Hoffnung ein Gesicht zu geben.
Es segne dich der Herr.

Segensgebet aus Zaire

Jesus, unser Führer, komm uns Wandernden auf dem Weg zur ewigen Heimat entgegen. Denn wenn du uns mit deinem Licht vorangehst, wandeln wir auf dem rechten Weg und verirren uns nicht in der Finsternis der Nacht, weil du in uns leuchtest.

Denn du bist der Weg, die Wahrheit und das Leben. Wie jener Blinde durch das Bekenntnis des wahren Glaubens das Geschenk des Heils bekommen hat, so mögen wir mit deinen Worten die Frucht frommer Bitte erlangen. Mit jenen Worten, die du uns gelehrt hast, rufen wir von der Erde aus: Vater unser! Amen.

Altspanisches Gebet

Im übrigen meine ich
Daß Gott uns das Geleit geben möge
Immerdar

Auf unserem langen Weg zu unserer Mensch-
  werdung
Auf dem endlos schmalen Pfad zwischen Gut und
  Böse
Herzenswünschen und niedrigen Spekulationen
Er möge uns ganz nahe sein in unserer Not
Wenn wir uns im dornigen Gestrüpp der Wirklich-
  keit verlieren
Er möge uns in den großen anonymen Städten
Wieder an die Hand nehmen
Damit wir seiner Fantasie folgen können
Und auf dem weiten flachen Land
Wollen wir ihn auf unserem Weg erkennen
Er möge uns vor falschen Horizonten und
Dunklen Abgründen bewahren
So daß wir nicht in Richtungen wandern
Die uns im Kreise und an der Nase rumführen
Er möge unseren kleinen Alltag betrachten
Den wir mal recht und mal schlecht bestehen
  müssen
Die 12 Stunden Unrast und die 12 Stunden Ruhe
Vor dem Sturm
Er hat den Tag und die Nacht geschaffen
Hat auch den Alltag gemacht und den Schlaf
Die 12 Stunden eilen und kümmern und laufen
Und sorgen und streiten und ärgern und schweigen
Und die 12 Stunden ausruhen und nichts mehr
  sehen
Und hören
Und er möge uns die vielen Streitigkeiten von
  morgens
Bis abends verzeihen
Das Hin- und Herlaufen zwischen den vielen
  Fronten

Und all die Vorwürfe
Die wir uns gegenseitig machen
Möge Er in herzhaftes Gelächter verwandeln
Und unsere Bosheiten in viele kleine Witze
    auflösen
Wir bitten ihn Zeichen zu setzen und Wunder
    zu tun
Daß wir von all unseren Schuldzuweisungen
    ablassen
Und jedwedem Gegner ein freier Gastgeber sind
Er möge uns von seiner Freiheit ein Lied singen
Auf daß wir alle gestrigen Vorurteile außer Kraft
Und alle Feindseligkeiten außer Gefecht setzen
Er möge uns von seiner großen zeitlosen Zeit
Ein paar Stunden abgeben
Und – Er kann gewiß nicht überall sein – Er möge in
Unsere Stuben kommen und unsere Habseligkeiten
Segnen unsere Tassen und Teller die Kanne die
Zuckerdose und den Salzstreuer die Essigflasche
Und den Brotkorb
Er möge vor allem die Kinder schützen und die
    Tiere
Vor jeglicher Willkür
Ja Er möge sich zu uns an den Tisch setzen und
    erkennen
Wie sehr wir ihn alle brauchen überall
Auf der ganzen Welt
Denn wer will uns erlösen von all unserem
Weltgeschichtlichen Wahn
Auch von unseren täglichen Lebenskonflikten
Gott unser Herr möge auch manchmal
Ein Machtwort sprechen
Mit all jenen Herren die sich selber zu Göttern
    ernannt

Die Menschen durch Maschinen ersetzen und für
Geld Kriege führen
Und mit Drogen alle Zukunft zerstören
Er möge sich erbarmen
Am Tage und in der Nacht
In der großen Welt und in der kleinen Welt unseres
    Alltags
In den Parlamenten in den Chefetagen der Industrie
Und in unseren Küchen
Er möge uns unsere Krankheiten überstehen lassen
Und uns in der Jugend und im Alter seine Schulter
Geben damit wir uns von Zeit zu Zeit von
    Gegenwart zu
Gegenwart an ihn anlehnen können getröstet
Gestärkt und ermutigt.

Hanns Dieter Hüsch

Jesusgebete – Christusgebete

Herr Jesus Christus, erbarme dich meiner.

Herr Jesus Christus, Sohn Gottes, erbarme dich
unser.

Christus, du Sohn des lebendigen Gottes, erbarme
dich unser.

Jesus, Jesus.

Jesus, dir leb ich; Jesus, dir sterb ich; Jesus, dein
bin ich tot und lebendig.

Komm, Herr Jesus.

Gebetsrufe und Stoßgebete

Jesus, Sohn Gottes, erbarme dich meiner.

Mein Herr und mein Gott.

Du mein Herr und Heiland.

Herr (Jesus) hilf.

Herr, sei mir gnädig.

Herr, hab Erbarmen.

Herr, stärke mich in dieser Stunde.

(Daran können sich noch nachfolgende Psalmworte oder jene Verse anschließen, die jeweils zum Beschluß der verschiedenen Stationen notiert sind.)

Psalmworte

Herr, unser Herrscher, wie gewaltig ist dein Name auf der ganzen Erde.

Ich will den Herrn allezeit preisen; immer sei sein Lob in meinem Mund.

Herr, deine Güte reicht, so weit der Himmel ist; deine Treue, so weit die Wolken ziehen.

Bei dir ist die Quelle des Lebens, in deinem Licht schauen wir das Licht.

Ich will dich rühmen mein Leben lang, in deinem Namen die Hände erheben.

Wie schön ist es, dem Herrn zu danken, deinem Namen, du Höchster zu singen.

Lobe den Herrn, meine Seele, und vergiß nicht, was er dir Gutes getan hat.

Dein Wort ist meinem Fuß eine Leuchte, ein Licht für meine Pfade.

Aller Augen warten auf dich, und du gibst ihnen Speise zur rechten Zeit.

Alles, was atmet, lobe den Herrn.

Du führst mich hinaus ins Weite, du machst meine Finsternis hell.

Mit meinem Gott überspringe ich Mauern.

Der Herr ist mein Hirte, nichts wird mir fehlen.

Der Herr ist mein Licht und mein Heil: Vor wem sollte ich mich fürchten?

Dein Angesicht, Herr, will ich suchen.

Gott ist uns Zuflucht und Stärke, ein bewährter Helfer in allen Nöten.

Du bist meine Zuversicht, meine Hoffnung von Jugend auf.

Aus der Tiefe rufe ich, Herr, zu dir: Herr, höre meine Stimme.

Tagzeiten:
Morgen -, Mittags-, Abendlob

Am Morgen

Eröffnung

Herr, öffne meine Lippen.
Damit mein Mund dein Lob verkünde.
Ehre sei dem Vater und dem Sohn und dem Heiligen
Geist,
wie im Anfang, so auch jetzt und alle Zeit und in
Ewigkeit. Amen. Halleluja.

Hymnus

1. Der Tag bricht an und zei - get sich: o
Her-re Gott, — wir lo-ben dich; wir danken dir, du
höch-stes Gut, daß du uns die Nacht hast be - hüt.

2 Bitten dich auch: Behüt uns heut, / denn wir allhier sind Pilgersleut; / steh uns bei, tu Hilf und bewahr, / daß uns kein Übel widerfahr.

3 Regier du uns mit starker Hand, / auf daß dein
Werk in uns erkannt, / dein Nam durch Wesen und
Gebärd / in uns heilig erweiset werd.

4 Hilf, daß der Geist Zuchtmeister bleib, / das arge Fleisch so zwing und treib, / daß es sich nicht gar ungestüm / erheb und fordre deinen Grimm.

5 Versorg uns auch, o Herre Gott, / auf diesen Tag, wie's uns ist not; / teil uns dein milden Segen aus, / denn unser Sorg richtet nichts aus.

6 Gib deinen Segen unserm Tun, / vollend die Arbeit, reich den Lohn / durch Jesum Christum, deinen Sohn, / unsern Herren vor deinem Thron.

M: Melchior Vulpius (1609)
T: Michael Weisse (1488–1534)

Kehrvers

Wie schön ist es, dem Herrn zu danken.

Psalm 92

1 Wie schön ist es, dem Herrn zu danken, deinen Namen, du Höchster, zu singen,

2 am Morgen deine Huld zu verkünden und in den Nächten deine Treue

3 zur zehnsaitigen Laute, zur Harfe, zum Klang der Zither.

4 Denn du hast mich durch deine Taten froh gemacht; Herr, ich will jubeln über die Werke deiner Hände.

5 Wie groß sind deine Werke, o Herr, wie tief deine Gedanken!

6 Ein Mensch ohne Einsicht erkennt das nicht, ein Tor kann es nicht verstehen.

7 Herr, du bist der Höchste, du bleibst auf ewig.

8 Doch deine Feinde, Herr, wahrhaftig, deine Feinde vergehen; auseinander getrieben werden alle, die Unrecht tun.

9 Der Gerechte gedeiht wie die Palme, er wächst wie die Zeder des Libanon.

10 Gepflanzt im Hause des Herrn, gedeihen sie in den Vorhöfen unseres Gottes.

11 Sie tragen Frucht noch im Alter und bleiben voll Saft und Frische;

12 sie verkünden: Gerecht ist der Herr; mein Fels ist er, an ihm ist kein Unrecht.

13 Ehre sei dem Vater und dem Sohn und dem Heiligen Geist,

14 wie im Anfang, so auch jetzt und alle Zeit und in Ewigkeit. Amen.

Kehrvers

Lesung
(aus dem 4. Kapitel des 1. Petrusbriefs;
1 Petr 4,10–11)

Dient einander als gute Verwalter der vielfältigen Gnade Gottes, jeder mit der Gabe, die er empfangen hat. Wer redet, der rede mit den Worten, die Gott ihm gibt; wer dient, der diene aus der Kraft, die Gott verleiht. So wird in allem Gott verherrlicht durch Jesus Christus. Sein ist die Herrlichkeit und die Macht in alle Ewigkeit. Amen.

Antwortgesang

V/A Chri - stus, du Sohn des leben - di - gen - Got - tes, er - bar - me dich un - ser. V Du sit - zest zur Rech - ten des Va - ters. A Er - bar - me dich un - ser. V Singt das Lob des Vaters und des Soh - nes und des Hei - li - gen Gei - stes. A Chri - stus, du Sohn...

Kehrvers

Dem Herrn will ich singen, machtvoll hat er sich kundgetan.

Lobgesang des Zacharias (Benedictus)

1 Gepriesen sei der Herr, der Gott Israels! Denn er hat sein Volk besucht und ihm Erlösung geschaffen;

2 er hat uns einen starken Retter erweckt im Hause seines Knechtes David.

3 So hat er verheißen von alters her durch den Mund seiner heiligen Propheten.

4 Er hat uns errettet vor unsern Feinden und aus der Hand aller, die uns hassen;

5 er hat das Erbarmen mit den Vätern an uns vollendet / und an seinen heiligen Bund gedacht, an den Eid, den er unserem Vater Abraham geschworen hat;

6 er hat uns geschenkt, daß wir, aus Feindeshand befreit, / ihm furchtlos dienen in Heiligkeit und Gerechtigkeit vor seinem Angesicht all unsre Tage.

7 Und du, Kind, wirst Prophet des Höchsten heißen; / denn du wirst dem Herrn vorangehn und ihm den Weg bereiten.

8 Du wirst sein Volk mit der Erfahrung des Heils beschenken in der Vergebung der Sünden.

9 Durch die barmherzige Liebe unseres Gottes wird uns besuchen das aufstrahlende Licht aus der Höhe,

10 um allen zu leuchten, die in Finsternis sitzen und im Schatten des Todes, und unsre Schritte zu lenken auf den Weg des Friedens.

11 Ehre sei dem Vater und dem Sohn und dem Heiligen Geist,

12 wie im Anfang, so auch jetzt und alle Zeit und in Ewigkeit. Amen.

Kehrvers

Bitten

Gepriesen sei Christus, der uns allezeit nahe ist. Zu ihm laßt uns beten: Christus höre uns.

Du schenkst uns diesen neuen Tag;
– mach unsere Herzen hell in deinem Licht.

Laß uns am Morgen dein Erbarmen erfahren;
– die Freude an dir sei unsere Kraft.

Gib, daß wir heute deinem Beispiel folgen
– und gut sind zu allen Menschen.

Bekehre unsere Herzen zu dir
– und bewahre uns heute vor aller Schuld.

Vaterunser

(Siehe Grundgebete, S. 216)

Gebet

Herr, unser Gott, komm unserem Beten und Arbeiten mit deiner Gnade zuvor und begleite es, damit alles, was wir beginnen, bei dir seinen Anfang nehme und durch dich vollendet werde. Darum bitten wir durch Christus, unseren Herrn. Amen.

Segensbitte

Der Herr segne uns, er bewahre uns vor Unheil und führe uns zu ewigem Leben. Amen.

Am Mittag

Eröffnung

Herr, öffne meine Lippen.
Damit mein Mund dein Lob verkünde.
Ehre sei dem Vater und dem Sohn und dem Heiligen Geist,
wie im Anfang, so auch jetzt und alle Zeit und in Ewigkeit. Amen. Halleluja.

Hymnus

O Gott, du lenkst mit starker Hand
den wechselvollen Lauf der Welt,
machst, daß den Morgen mildes Licht,
den Mittag voller Glanz erhellt.

Lösch aus die Glut der Leidenschaft
und tilge allen Haß und Streit;
erhalte Geist und Leib gesund,
schenk Frieden uns und Einigkeit.

Du Gott des Lichts, auf dessen Reich
der helle Schein der Sonne weist,
dich loben wir aus Herzensgrund,
Gott Vater, Sohn und Heil'ger Geist. Amen.

Kehrvers und Psalm 23

(Siehe zu beidem: Ruhe und Rast, S. 98)

Lesung

(aus dem 8. Kapitel des Römerbriefs; Röm 8,26)

Der Geist nimmt sich unserer Schwachheit an. Denn wir wissen nicht, worum wir in rechter Weise beten sollen; der Geist selber tritt jedoch für uns ein mit Seufzen, das wir nicht in Worte fassen können.

Bitte

V Herr, mein Rufen dringe zu dir.
A Gib mir Einsicht in dein Wort.

Gebet

Allmächtiger, ewiger Gott, bei dir gibt es keine Finsternis, denn du wohnst im Licht. Sende einen Strahl deines Lichtes in unser Herz, damit wir deine Gebote erkennen und bereitwillig deine Wege gehen. Darum bitten wir durch Christus, unseren Herrn. Amen.
V Singet Lob und Preis.
A Dank sei Gott, dem Herrn.

Am Abend

Eröffnung

O Gott, komm mir zu Hilfe.
Herr, eile mir zu helfen.
Ehre sei dem Vater und dem Sohn und dem Heiligen Geist, / wie im Anfang, so auch jetzt und alle Zeit und in Ewigkeit. Amen. Halleluja.

Hymnus (oder Abendlied)

O Gott, dein Wille schuf die Welt
und ordnet der Gestirne Bahn,
umgibt den Tag mit hellem Licht,
gewährt zur Ruhe uns die Nacht.

Als Dank für den vollbrachten Tag,
den deine Güte uns geschenkt,
nimm an des Wortes heil'gen Dienst,
den Lobgesang zu deinem Ruhm.

Dir schließt sich unsre Seele auf,
voll Freude preist dich unser Mund,
in Ehrfurcht dient dir unser Geist,
in Liebe sucht dich unser Herz.

Wenn uns die Sonne untergeht
und Finsternis den Tag beschließt,
kennt unser Glaube keine Nacht:
Im Dunkel strahlt dein Licht uns auf.

Den Sohn und Vater bitten wir
und auch den Geist, der beide eint:
Du starker Gott, Dreifaltigkeit,
behüte, die auf dich vertraun. Amen.

Lied

1. Be - vor des Ta - ges Licht ver - geht,
o Herr der Welt, hör dies Ge - bet:

Be - hü - te uns in die - ser Nacht

3. Strophe

durch dei - ne gro - ße Güt und Macht. A - men.

2 Hüllt Schlaf die müden Glieder ein/ laß uns in dir geborgen sein / und mach am Morgen uns bereit / zum Lobe deiner Herrlichkeit.

3 Dank dir, o Vater reich an Macht, / der über uns voll Güte wacht / und mit dem Sohn und Heilgen Geist / des Lebens Fülle uns verheißt. Amen.

M: KEMPTEN UM 1000
T : FRIEDRICH DÖRR 1969 NACH TE LUCIS ANTE TERMINUM 5./6. JH.

Kehrvers

Jubelt, ihr Lande, dem Herrn; alle Enden der Erde schauen Gottes Heil.

Psalm 98

1 Singet dem Herrn ein neues Lied, denn er hat wunderbare Taten vollbracht!

2 Er hat mit seiner Rechten geholfen und mit seinem heiligen Arm.

3 Der Herr hat sein Heil bekannt gemacht, und sein gerechtes Wirken enthüllt vor den Augen der Völker.

4 Er dachte an seine Huld und an seine Treue zum Hause Israel.

5 Alle Enden der Erde sahen das Heil unsres Gottes.

6 Jauchzt vor dem Herrn, alle Länder der Erde, freut euch, jubelt und singt!

7 Spielt dem Herrn auf der Harfe, auf der Harfe zu lautem Gesang!

8 Zum Schall der Trompeten und Hörner jauchzt vor dem Herrn, dem König!

9 Es brause das Meer und alles, was es erfüllt, der Erdkreis und seine Bewohner.

10 In die Hände klatschen sollen die Ströme, die Berge sollen jubeln im Chor

11 vor dem Herrn, wenn er kommt, um die Erde zu richten.

12 Er richtet den Erdkreis gerecht, die Nationen so, wie es recht ist.

13 Ehre sei dem Vater und dem Sohn und dem Heiligen Geist,

14 wie im Anfang, so auch jetzt und alle Zeit und in Ewigkeit. Amen.

Kehrvers

Lesung

(aus dem 12. Kapitel des 1. Korintherbriefs;
1 Kor 12,3–7.12–13)

Und keiner kann sagen: Jesus ist der Herr, wenn er nicht aus dem Heiligen Geist redet. Es gibt verschiedene Gnadengaben, aber nur den einen Geist. Es gibt verschiedene Dienste, aber nur den einen Herrn. Es gibt verschiedene Kräfte, die wirken, aber nur den einen Gott: Er bewirkt alles in allen. Jedem aber wird die Offenbarung des Geistes geschenkt, damit sie anderen nützt.

Denn wie der Leib eine Einheit ist, doch viele Glieder hat, alle Glieder des Leibes aber, obgleich es viele sind, einen einzigen Leib bilden: so ist es auch mit Christus. Durch den einen Geist wurden wir in der Taufe alle in einen einzigen Leib aufgenommen, Juden und Griechen, Sklaven und Freie; und alle wurden wir mit dem einen Geist getränkt.

Antwortgesang

V/A Dein Wort ist Licht und Wahr-heit;

es leuch-tet mir auf all mei-nen We-gen.

V Le-ben und Freu-de gibt es mei-nem Her-zen.

A Es leuch-tet mir auf all mei-nen We-gen.

V Singt das Lob des Va-ters und des Soh-nes

und des Hei-li-gen Gei-stes. **A** Dein Wort ist...

Kehrvers

Danket dem Herrn, er hat uns erhöht; Großes hat er an uns getan.

Lobgesang Mariens (Magnificat)

1 Meine Seele preist die Größe des Herrn, und mein Geist jubelt über Gott, meinen Retter.

2 Denn auf die Niedrigkeit seiner Magd hat er geschaut. Siehe, von nun an preisen mich selig alle Geschlechter!

3 Denn der Mächtige hat Großes an mir getan, und sein Name ist heilig.

4 Er erbarmt sich von Geschlecht zu Geschlecht über alle, die ihn fürchten.

5 Er vollbringt mit seinem Arm machtvolle Taten: er zerstreut, die im Herzen voll Hochmut sind;

6 er stürzt die Mächtigen vom Thron und erhöht die Niedrigen.

7 Die Hungernden beschenkt er mit seinen Gaben und läßt die Reichen leer ausgehn.

8 Er nimmt sich seines Knechtes Israel an und denkt an sein Erbarmen,

9 das er unsern Vätern verheißen hat, Abraham und seinen Nachkommen auf ewig.

9 Ehre sei dem Vater und dem Sohn und dem Heiligen Geist,

10 wie im Anfang, so auch jetzt und alle Zeit und in Ewigkeit. Amen.

Kehrvers

Fürbitten

Laßt uns beten zu Jesus Christus, dessen Liebe alle umfangen will:
Wir bitten dich, erhöre uns.

– Dein Licht, das niemals untergeht, leuchte allen Menschen.

– Gedenke deiner Gnade und wohne in unserer Mitte.

– Steh allen bei, die unterwegs sind, und schenke ihnen eine glückliche Heimkehr.

– Schenke unseren Verstorbenen das ewige Leben.

Vaterunser

(Siehe Grundgebete, S. 216)

Gebet

Gott, unser Vater, alles Gute kommt allein von dir. Schenke uns deinen Geist, damit wir erkennen, was recht ist, und es mit deiner Hilfe auch tun. Darum bitten wir durch Christus, unseren Herrn. Amen.

Segensbitte

Der Herr segne uns, er bewahre uns vor Unheil und führe uns zum ewigen Leben. Amen.

Marienlob

(eines der folgenden Marienlieder)

Marienlieder

Sal - ve, Re - gi - na, ma - ter mi - se - ri - cór -
di - ae; vi - ta, dul - cé - do et spes no - stra,
sal - ve. Ad - te cla - mámus, éx - su - les fí - li - i
E - vae. Ad te su - spi - rá - mus, ge - mén - tes
et flen - tes in hac la - cri - má - rum val - le.
E - ia er - go, ad - vo - cá - ta no - stra, il - los
tu - os mi - se - ri - cór - des ó - cu - los ad nos
con - vér - te. Et Je - sum, be - ne - di - ctum fructum
ven - tris tu - i, no - bis post hoc ex - sí - li - um
o - stén - de. O __ cle - mens, o ___ pi - a,
o _____ dul - cis Vir - go Ma - ri - a.

1. Maria, Himmelskönigin, der Engel hohe Herrscherin, o Wurzel, der das Heil entsprießt, du Tor des Lichtes, sei gegrüßt!

2 Freu dich, du bist an Ehren reich, / dir ist an Gnaden keine gleich. / Ach bitt für uns an Gottes Thron bei Jesus, deinem lieben Sohn.

M: Nikolaus Herman (1562)
T: Rottenburger Gesangbuch (1867)
nach Ave Regina caelorum um 1100

1. Alle Tage sing und sage Lob der Himmelskönigin; ihre Gnaden, ihre Taten ehr, o Christ, mit Herz und Sinn.

2 Auserlesen ist ihr Wesen, / Mutter sie und Jungfrau war. / Preis sie selig, überselig; / groß ist sie und wunderbar.

3 Gotterkoren hat geboren / sie den Heiland aller Welt, / der gegeben Licht und Leben / und den Himmel offen hält.

4 Ihre Ehren zu vermehren, / sei von Herzen stets bereit. / Benedeie sie und freue / dich ob ihrer Herrlichkeit.

M: INGOLSTADT (1613)
T: NACH HEINRICH BONE 1847 NACH OMNI DIE DIC MARIAE
DES BERNHARD VON MORLAS († 1140)

1. Maria, breit den Mantel aus, mach Schirm und Schild für uns daraus; laß uns darunter sicher stehn, bis alle Stürm vorübergehn.

1.-4. Patronin voller Güte, uns allezeit behüte.

2 Dein Mantel ist sehr weit und breit, / er deckt die ganze Christenheit, / er deckt die weite, weite Welt, / ist aller Zuflucht und Gezelt. *Kv*

3 Maria, hilf der Christenheit, / dein Hilf erzeig uns allezeit; / komm uns zu Hilf in allem Streit, / verjag die Feind all von uns weit. *Kv*

4 O Mutter der Barmherzigkeit, / den Mantel über uns ausbreit; / uns all darunter wohl bewahr / zu jeder Zeit in aller Gfahr. *Kv*

M UND T: INNSBRUCK 1640

St.-Jakobus-Lieder

Dum pa — ter fa - mi - li - as

Rex u - ni - ver - so - rum Do - na - ret pro -

vin-ci - as Ius a - pos-to - lo - rum

Ja - co - bus Ys - pa - ni - as Lux il -

lus - trat mo - rum Pri - mus

ex — a - pos-to - lis Martyr Je - ro - so - li -

mis Ja - co - bus e - gre-gi - o Sa - cer

est mar - ty - ri - o Herru Sanc-ti - a - gu

Grot Sanc-ti-a-gu E ul-tre ya
e sus e ia De-us a-i-a nos

1. Dum pater familias   Der Apostelsippe Vater,
Rex universorum   König aller, wies den
Donaret provincias   Jüngern
Ius apostolorum   ihres Wirkens Stätte zu:
Jacobus Yspanias   über Spanien, Jakobus,
Lux illustrat morum   strahlst als Licht der
   Stille du.

Primus ex apostolis   *Erster der Apostel,*
Martyr Jerosolimis   *der zu Jerusalem*
Jacobus egregio   *für den Glauben starb,*
Sacer est martyrio   *ehrenvoll Jakobus*
   Heiligkeit erwarb!

2. Jacobi Gallecia   Dein Galizien, Jakobus,
Opem rogat piam   dessen Ruhm zur
Glebe cuius gloria   Ehrenstraße
Dat insignem viam   macht den mühevollen
Ut precum frequentia   Gang,
Cantet melodiam   es erbittet fromme Kräfte
   für die Pilgerscharen
   Sang:

Herru Sanctiagu   Herre Sankt Jakobus!
Grot Sanctiagu   Sankt Jakobus groß und
E ultreya e sus eia   gut!
Deus aia nos   Führ uns, Gott, in deiner
   Hut!

Primus ex apostolis ...   *Erster der Apostel ...*

3. Jacobo dat parium   Alle Welt zugleich ist
Omnis mundus gratis   willig
Ob cuius remedium   Dank zu spenden dir,
Miles pietatis   Jakobus,
Cunctorum presidium   dessen Heilkraft mächtig
Est advota satis   ist,
                               Streiter Gottes, aller
                               Schutzherr,
                               der Gelübde würdig bist.

Primus ex apostolis ...   *Erster der Apostel ...*

4. Jacobum miraculis   Zu dir rufen wir, Jakobus,
Quae fiunt per illum   in Gefahr hat deine Hilfe
Arctis in periculis   wunderbar bewährt sich
Acclamet ad illum   oft;
Quisquis solvi vinculis   wer bedrängt in Fesseln
Sperat propter illum   schmachtet,
                               Rettung sich von dir
                               erhofft.

Primus ex apostolis ...   *Erster der Apostel ...*

5. O beate Jacobe   O hochseliger Jakobus,
Virtus nostra vere   wahres Vorbild aller
Nobis hostes remove   Tugend,
Tuos de tuere   schütze, wenn die Feinde
Ac devotos adhibe   nahn,
Nos tibi placere   alle, die sich dir ergeben;
                               nimm die Deinen gnädig
                               an!

Primus ex apostolis ...   *Erster der Apostel ...*

6. Jacobo propicio
Veniam speremus
Et quas ex obsequio
Merito debemus
Patri tam eximio
Dignas laudes demus

Jakobus, deine Huld
erwirkt Verzeihung aller
Schuld.
Und was gehorsam wir
vollbringen,
zu unserm Nutzen mag
gelingen.
Dem Vater der
Unendlichkeit
sei würdig unser Lob
geweiht.

Primus ex apostolis ...   *Erster der Apostel ...*

Codex Calixtinus, Folio 193, nach 1140
Übersetzung: Vera und Helmut Hell

1. Heil'ger Jakobus, wir rufen heut'
Sieh her auf alle, die zu diesem
an deinen Namen:
Heiligtum kamen.
Tritt für uns ein - Gott möge
gnädig uns sein. Führ' uns den guten Weg. Amen.

2 Heil'ger Jakobus, als erster zum Zeugen berufen. / Führe auch uns zu der Jüngerschaft heiligen Stufen. / Sei du uns Licht, / laß' uns im Dunkeln doch nicht, / wenn wir vertrauend dich rufen.

3 Heil'ger Jakobus, als erster gabst du einst dein Leben, / nahmst an den Kelch, der gefüllt mit den bitteren Reben. / Laß deinen Tod / Zeugnis für uns sein in Not. / Daß auch wir Gott alles geben.

4 Heil'ger Jakobus, auf Tabor vom Lichte ergriffen – / ratlos am Ölberg bei denen, die flohen und schliefen. / Sende uns Kraft, / wenn wir in Zweifeln erschlafft. / Führ' uns hin zu Glaubenstiefen.

5 Heil'ger Jakobus, vom Herren berufen zu heilen, / der Menschen Wege zu gehen auf viel tausend Meilen, / Krankheit und Not / mächtig zu wenden in Gott, / Herzen bewegen zum Teilen.

6 Heil'ger Jakobus, Begleiter der Pilger auf Erden! / Lehr' unterscheiden uns, folgen den göttlichen Werten. / Führ' uns zur Quell, / daß wir gereinigt und hell / Brunnen für andere werden.

M: Stralsund (1665): „Lobe den Herren"
T: Wolfgang Schneller, Oberdischingen

1. Zum Him - mel hoch und _ weit ins Land,
vom Berg ins Tal sei es _ be - kannt,
wie einst ge - folgt dem Men - schen - sohn
Sankt Ja - kob, un - ser Schutz - pa - tron.

2 Du gehst von Netz und Booten fort, / als dich erreicht des Heilands Wort: / „Komm, folge mir" – laß los, was war! / In seine Spur geht seine Schar.

3 Am Ölberg bleibt der Herr allein, / da schläfst du mit den andern ein. / „Der Geist will Tag, das Fleisch will Nacht." / Wenn müd wir werden – Jesus wacht.

4 Am Berg schaust Christus du im Licht. / Verbirgt die Wolke das Gesicht, / bleibt Jesus doch; mit ihm zumal / gehn wir getrost hinab ins Tal.

5 Auf unsern Pilgerstraßen hier / wird uns zum Zeichen deine Zier: / die Muschel ist dem Worte gleich, / darin die Perle Himmelreich.

M: JOHANN LEISENTRITT (1573)
„DER HIMMEL SOLL SICH HEUTE FREUN"
T: SIEGER KÖDER

2 In Gottes Namen fahren wir, / die lieben Heilgen bitten wir, / daß sie durch Christus, unsern Herrn / des Vaters Huld für uns begehrn. / Kyrieleison.

3 In Gottes Namen fahren wir, / auf seine Hilfe harren wir. / Die Frucht der Erde uns bewahr / und schenk uns ein gesegnet Jahr. / Kyrieleison.

4 In Gottes Namen fahren wir, / zu Sankt Jakobus rufen wir. / Hilf uns mit deines Glaubens Kraft, hilf in des Lebens Pilgerschaft. / Kyrieleison.

5 In Gottes Namen fahren wir, das Reich der Himmel suchen wir. / Sag, daß du treu es mit uns meinst. / Laß uns die Perle finden einst. / Kyrieleison.

M: Johann Leisentritt (1567)
T: Michael Vehe (1537); Sieger Köder, Str. 4–5

2 Du warst ein Zeuge seiner Macht, als Jesus mit dem Vater sprach; / du warst bei ihm auch in der Nacht, als er in Todesängsten lag. *Kv*

3 Zuerst aus der Apostelschar rief dich der Herr zum Zeugen auf. / Du brachtest ihm dein Leben dar, vollendetest des Lebens Lauf. *Kv*

4 Du starker Schutz der Christenheit, steh bei der Kirche, die dich ehrt. Erhalte sie zu aller Zeit in Gottes Liebe unversehrt. *Kv*

5 Geleite uns durchs Erdental auf unsrer kurzen Pilgerschaft / hin zu dem ewgen Freudensaal durch deiner treuen Fürbitt Kraft. *Kv*

M: Gustav Biener (1977)
T: Friedrich Kienecker

1. Ja - ko - bus wir dich grü - ßen als un-sern Schutzpa -
tron. Sei tausendmal ge - prie - sen auf
dei - nem Ju - bel - thron! **Kv** Hei - li-ger Ja -
ko - bus, Hei - li-ger Ja - ko - bus, jung und alt,
groß und klein, stimm' in un-ser Lob - lied ein!

2 Von Gottes Eifer brannte dein Herz bis auf den Grund; / ein' Donnersohn dich nannte dafür des Meisters Mund. *Kv*

3 Dich ließ der Heiland schauen auf Tabor seinen Glanz, / und auf des Ölbergs Auen der Stirne blut'gen Kranz. *Kv*

4 Du hast den Kelch getrunken, veracht' die Lust der Welt, / bist unterm Schwert gesunken, ein starker Glaubensheld. *Kv*

5 O zeig uns dein Erbarmen, du großer Schutzpatron. / Erflehe auch uns Armen des Himmels Palm und Kron. *Kv*

M UND T: PFULLENDORF

1. Wer das E - lend bau - en wöll, Der heb sich auf und sei mein Gesell Wohl auf Sankt Ja - kobs Stra - ßen! Zwei Paar Schuh, der darf er wohl, Ein Schüs - sel bei der Fla - schen.

2 Ein breiten Hut, den soll er han,
Und ohne Mantel soll er nit gahn,
Mit Leder wohl besetzet,
Es schnei oder regen' oder wehe der Wind,
Daß ihn die Luft nicht netzet.

3 Sack und Stab ist auch dabei,
Er lug, daß er gebeichtet sei,
Gebeichtet und gebüßet.
Kommt er in die welschen Land,
Er findt kein' deutschen Priester.

4 Sieh, Bruder, du sollst nit stille stahn,
Vierzig Meil' hast du noch zu gahn
Wohl bis Sankt Jakobs Münster.
Vierzehn Meil' sind's hinterm Paß
Zu einem Stern, heißt finster.

5 Den finstern Stern wollen wir lan stahn,
Und wollen zu Salvator eingahn,
Groß Wunderzeichen anschauen.
So rufen wir Gott und Sankt Jakob an
Und Unsre Liebe Frauen.

6 Sankt Jakob vergib uns Pein und Schuld
Der liebe Gott sei uns allen hold
In seinem höchsten Throne;
Der Sankt Jakob dienen tut,
Der lieb' Gott soll's ihm lohnen.

ST. JAKOBS PILGERLIED, XVI. JHD.

Statio zum Jakobustag (25. Juli)

V O Gott, komm mir zu Hilfe
A Herr, eile mir zu helfen

V Ehre sei dem Vater …
A Wie im Anfang …

Einführung

[Jakobus], der Sohn des Zebedäus und Bruder des Apostels Johannes, aus Betsaida stammend, wurde auf Befehl des Königs Herodes um das Jahr 42 mit dem Schwert hingerichtet als erster Märtyrer aus dem Zwölferkreis. Den 25. Juli als Gedenktag erwähnt schon das Martyrologium Hieronymianum. Das Hauptheiligtum in Compostela ist seit dem Frühmittelalter eines der größten Pilgerziele der Christenheit, da man dort die sterblichen Reste des Apostels verehrte.

Als erster der Apostel ist Jakobus dem Herrn in den Tod gefolgt. Schon bald begann die Christenheit, sein Andenken zu verehren. In der Kunst wurde er dargestellt als der Apostel, der für die Sache Christi mit Pilgerstab und Pilgermuschel unterwegs ist bis an das damals bekannte Ende der Erde. Im fernen Westen, am Rand des Atlantischen Ozeans, wird sein Grab verehrt. In seinem Zeichen der Muschel lauschen wir der ewigen Brandung des Meeres, und doch ist es zugleich das Klopfen unseres eigenen Blutes. Ewigkeit und Ich kommen zur Übereinstimmung. In einem Menschen wird der ewige Gott vernehmbar. Im Wort Gottes finden wir die Perle des Himmelreichs, für die ein Mann wie Jakobus alles hingegeben hat.

(Messbuch für die Bistümer
des deutschen Sprachgebiets, S. 727)

Lied

Jakobuslied, S. 253, Strophe 1 und 2

Lesung
(aus dem 1. Kapitel des Markusevangeliums;
Mk 1,16–20)

Als Jesus am See von Galiläa entlangging, sah er
Simon und Andreas, den Bruder des Simon, die auf
dem See ihr Netz auswarfen; sie waren nämlich Fischer. Da sagte er zu ihnen: Kommt her, folgt mir
nach! Ich werde euch zu Menschenfischern machen.
Sogleich ließen sie ihre Netze liegen und folgten
ihm. Als er ein Stück weiterging, sah er Jakobus,
den Sohn des Zebedäus, und seinen Bruder Johannes; sie waren im Boot und richteten ihre Netze her.
Sofort rief er sie, und sie ließen ihren Vater Zebedäus mit seinen Tagelöhnern im Boot zurück und
folgten Jesus nach.

Gebet

Herr Jesus Christus. Du hast die Apostel Petrus und
Andreas, Jakobus und Johannes als erste deiner
Jünger auf deinen Weg zu den Menschen gerufen.
Bereitwillig sind sie dir gefolgt und haben alles verlassen. Aus ihren Händen haben wir das Evangelium empfangen; aus ihrem Mund hören wir vom
Weg des Lebens. Laß uns deinen Ruf vernehmen,
damit wir, gestärkt und geleitet von deinen Apo-
steln und Heiligen, deine Wege gehen, deine Wahrheit hören und mit dir ins Leben gelangen. Amen.

Lied

Jakobuslied, S. 254, Strophe 3 und 4

Lesung

(aus dem 9. Kapitel des Lukas-Evangeliums;
Lk 9,28–36)

[Da] nahm Jesus Petrus, Johannes und Jakobus beiseite und stieg mit ihnen auf einen Berg, um zu beten. Und während er betete, veränderte sich das
Aussehen seines Gesichtes, und sein Gewand wurde
leuchtend weiß. Und plötzlich redeten zwei Männer
mit ihm. Es waren Mose und Elija; sie erschienen in
strahlendem Licht und sprachen von seinem Ende,
das sich in Jerusalem erfüllen sollte. Petrus und
seine Begleiter aber waren eingeschlafen, wurden
jedoch wach und sahen Jesus in strahlendem Licht
und die zwei Männer, die bei ihm standen. Als die
beiden sich von ihm trennen wollten, sagte Petrus
zu Jesus: Meister, es ist gut, daß wir hier sind. Wir
wollen drei Hütten bauen: eine für dich, eine für
Mose und eine für Elija. Er wußte aber nicht, was er
sagte. Während er noch redete, kam eine Wolke und
warf ihren Schatten auf sie. Sie gerieten in die
Wolke hinein und bekamen Angst. Da rief eine
Stimme aus der Wolke: *Das ist mein auserwählter
Sohn, auf ihn sollt ihr hören.* Als aber die Stimme
erklang, war Jesus wieder allein. Die Jünger
schwiegen jedoch über das, was sie gesehen hatten,
und erzählten in jenen Tagen niemand davon.

Lied

Jakobuslied, S. 255, Strophe 4 und 5

Gebet

Herr Jesus Christus. Auf all deinen Wegen war der Apostel Jakobus dir nahe: beim reichen Fischfang und bei der Erweckung der Tochter des Jairus war er zugegen. Zusammen mit Petrus und Johannes hat er auf dem Berg der Verklärung deine Herrlichkeit gesehen und erkannt, daß du der bist, auf den alles wartet. Im Garten Getsemani war er dabei, und der heilige Paulus nennt ihn als Zeugen deiner Auferstehung. Du hast ihn auf den Weg des Lebens geführt und in deine Nachfolge gerufen. In deinem Dienst hat er die Frohe Botschaft verkündet und die Palme des Martyriums errungen. Laß auch uns zu Zeugen werden, damit die Welt glaube und in deinem Namen das Leben gewinne; erleuchte und stärke uns im Glauben und mache uns zu Zeugen deiner Liebe und zu Boten deines Friedens. Amen.

Lied

Jakobuslied, S. 256, Strophen 4 und 5

Litanei

V Herr, erbarme dich
A Herr, erbarme dich
V Christus, erbarme dich

A Christus, erbarme dich
V Herr, erbarme dich
A Herr, erbarme dich

V Gott Vater im Himmel
A Erbarme dich unser
V Gott Sohn, Erlöser der Welt
A Erbarme dich unser
V Gott Heiliger Geist
A Erbarme dich unser
V Heiliger dreieiniger Gott
A Erbarme dich unser

V Heilige Maria, Mutter Gottes
A Bitte für uns
V Heiliger Jakobus, Patron der Pilger
A Bitte für uns

V Daß auch wir den Ruf des Herrn hören –
  bitte für uns
V Daß auch wir auf diesen Ruf antworten –
V Daß auch wir mit dem Herrn unterwegs sind –
V Daß auch wir seine Herrlichkeit erfahren –
V Daß auch wir, wenn wir fallen, wieder
  aufstehen –
V Daß wir nicht aus lauter Trägheit resignieren –
V Daß wir nicht müde werden im Guten –
V Daß wir an die Auferstehung glauben –
V Daß wir uns als Menschen begreifen auf der
  Pilgerschaft unseres Lebens –
V Daß wir von Jesus Zeugnis geben –
V Daß wir ihm getreu bleiben und folgen bis in
  unsere Todesstunde –

V Lamm Gottes, du nimmst hinweg die Sünden der
  Welt
A Erbarme dich unser

V Lamm Gottes, du nimmst hinweg die Sünden der Welt

A Erbarme dich unser

V Lamm Gottes, du nimmst hinweg die Sünden der Welt

A Gib uns deinen Frieden

V All unsere Bitten und Sorgen, unsere Anliegen und Hoffnungen tragen wir vor Gott mit den Worten des Gebetes, das du uns gelehrt hast:

A Vater unser im Himmel …

Text

Mit einer Muschel in der Hand habe ich, Vertrauen schöpfend, mich aufgemacht, habe gesungen unterwegs, getrunken am Brunnen, bin weiter den Weg gegangen wie schon so viele vor mir, vereint in der Gewißheit, es sei das Ziel in uns, das wir dorthin tragen, wo Deine Stimme uns ruft.

Voller Hoffnung reihe ich Tag an Tag, Gebet an Gebet, während die Füße die Strecke ausmessen von mir zu Dir. Wer fragt, wie wichtig die Erfahrungen seien unterwegs und wie ich die Heimreise bestehen werde? Laß mich eilen und weiterhin den Geist den Körper beflügeln.

Du wirst wissen, wo und wie ich ankommen soll, da doch jeder seinen Weg gehen muß, bis er mündet in den großen Pfad, auf dem wir einander schon verbunden sind, die Muschel in der Hand.

Christine Bucher

Segen

(Hier kann eines der Segensgebete gesprochen werden; siehe S. 223)

Lied

(Zum Abschluß soll ein Marienlied gesungen werden; siehe S. 247ff.)

Litaneien

Pilgerwege sind Hoffnungswege

Ich hoffe,
aber ich will auch handeln.
Ich hoffe,
aber ich will auch kritisch denken.
Ich hoffe,
aber ich will auch lernen.
Ich hoffe,
aber ich will auch Entscheidungen treffen.
Ich hoffe,
aber ich will auch durchschauen.
Ich hoffe,
aber ich will mich auch aussetzen.
Ich hoffe,
aber ich will auch wagen.
Ich hoffe,
aber ich will auch kämpfen.
Ich hoffe,
aber ich will nicht nur warten.

Nie
will ich mich hinter meiner Hoffnung verstecken,
um nicht handeln zu müssen.
Ich will vor der Verantwortung nicht fliehen.

ULRICH SCHAFFER

Litanei für unser Leben

Erlöse uns, o Herr!
Von einem Leben in Angst und Einsamkeit.
Von Mutlosigkeit und Verzagtheit.
Vom sinnlosen Dahinleben.
Vom Verfall in Rauschgift und Drogen.
Von der Wertlosigkeit des Lebens.
Vom Familienzerfall und von Ehekrisen.

Erlöse uns, o Herr!
Vom Leben in Krieg, Haß und Gewalt.
Von aller Diskriminierung und Unterdrückung
    der Menschen.
Von der Härte des Leistungsdenkens.
Von jeder Form des Egoismus.
Von einer falschen Sicherheit des Heiles.
Vom praktisch gelebten Unglauben.

Erlöse uns, o Herr!
Von allen negativen Folgen des Lebens im
    Wohlstand.
Von all dem, woran unsere Gesellschaft krankt.
Von all dem, was das Leben der Menschen
    zermürbt.
Von der Entfremdung der Menschen.
Von der Sünde der Bequemlichkeit und Interesse-
    losigkeit.

Von der Sünde des Neides und der Habsucht.

Erlöse uns, o Herr!
Von der Sünde der ständigen Unrast.
Von all der Unbeherrschtheit unseres Lebens.
Von der Sünde der Abkapselung.
Vom Glauben an Technik und Konsum.
Vom Glauben an die Allmacht der Massenmedien.
Vom teuflischen Fortschrittsglauben.

Erlöse uns, o Herr!
Vom Glauben, daß wir alles machen und uns alles
    leisten können.
Von der menschlichen Überheblichkeit.
Von unserer eigenen Selbstzerstörung.

Erlöse uns, o Herr!
Durch den Glauben an ein geglücktes Leben.
Durch den Glauben an den Frieden im Herzen.
Durch den Glauben an das Gute im Menschen.
Durch den Glauben an die Freiheit im Kreuze.
Durch den Glauben an einen neuen Menschen.
Durch den Glauben an Jesus Christus.
Durch den Glauben an eine neue Erde und einen
    neuen Himmel.
Durch den Glauben an unsere Auferstehung.

Erlöse uns, o Herr!

Franz Lauterbacher

Litanei zu den Heiligen unserer Heimat

V Herr, erbarme dich
A Herr, erbarme dich
V Christus, erbarme dich

A Christus, erbarme dich
V Herr, erbarme dich
A Herr, erbarme dich

V Heilige Maria, du Mutter der Kirche, Patronin des Erzbistums Freiburg, hoch verehrt in unserer Heimat – Bitte(t) für uns

Heiliger Bischof Kilian und ihr seine Gefährten, Glaubensboten im Frankenland –

Heiliger Meinrad von Sülchen, Mönch der Reichenau und Blutzeuge in Einsiedeln –

Heiliger Trudpert, Einsiedler und Blutzeuge im Breisgau –

Heiliger Landelin, Einsiedler und Blutzeuge in der Ortenau –

Heiliger Fidelis von Sigmaringen, unerschrockener Verkünder des Glaubens, Patron der Hohenzollern –

Heiliger Papst Leo IX., aus süddeutschem Geschlecht, ohne Unterlaß tätig für die Erneuerung der Kirche –

Heiliger Martinus, Mönchsvater und Bischof, du Helfer der Armen, Patron des Bistums Rottenburg-Stuttgart –

Heiliger Pirmin, Wanderbischof und Klostergründer längs des Rheins und auf der Reichenau –

Heiliger Hariolf, Gründerabt von Ellwangen und Bischof von Langres –

Heiliger Ulrich, ruhmreicher Bischof von Augsburg, Freund des heiligen Konrad –

Heiliger Konrad, Bischof von Konstanz, Ratgeber der Kaiser und Vater der Armen, Patron des Erzbistums Freiburg –

Heiliger Gebhard, Klostergründer und Bischof von Konstanz –

Heiliger Wolfgang, aus schwäbischem Stamm, Bischof von Regensburg –

Heiliger Anno aus Schwaben, Erzbischof von Köln, unermüdlich am Werk für Kirche und Reich –

Heiliger Albert der Große, kundig aller Wissenschaft, Lehrer in Freiburg –

Heiliger Fridolin von Säckingen, viel verehrt im Alemannenland –

Heilige Kolumban und Gallus, ihr Glaubensboten am Oberrhein und Bodensee –

Heilige Leonhard und Wendelin, ihr Hüter des bäuerlichen Lebens und Brauchtums –

Heiliger Magnus, Missionar und Patron des Allgäus –

Guter Pater Philipp Jeningen von Ellwangen, geisterfüllter Mystiker und Volksmissionar –

Heiliger Klemens Maria Hofbauer aus Südmähren, Prediger in Triberg und Seelsorger der Großstadt Wien –

Seliger Karl Steeb aus Tübingen, Vorbild im Glaubensgehorsam und unermüdlich in der Nächstenliebe –

Seliger Hermann von der Reichenau, gelähmt am Leib, reich an Gaben des Geistes –

Heiliger Heimerad aus Meßkirch, du Freund der Armen und Kranken –

Heiliger Ulrich von Zell im Breisgau und Seliger Abt Wilhelm von Hirsau, ihr Erneuerer des klösterlichen Lebens –

Seliger Heinrich Seuse, du inniger Mystiker und Freund der göttlichen Weisheit –

Seliger Jakob Griesinger von Ulm, Meister der Kunst und der inneren Schau –

Heiliger Nikolaus von Flüe, Familienvater, Einsiedler und Friedensstifter –

Heilige Äbtissin Odilia, Zuflucht der Augenleiden-
den und Blinden –
Heilige Lioba, Thekla und Walburga, vom heiligen
Bonifatius gerufen und ausgesandt –
Selige Irmengard, mütterliche Äbtissin von Buchau
und Chiemsee –
Selige Gute Betha von Reute und Luitgard von Wit-
tichen, reich begnadet in der Nachfolge des Ge-
kreuzigten –
Seliger Markgraf Bernhard, gerecht, wohltätig und
fromm, du Schutzherr des badischen Landes –
Selige Ulrika Nisch, du treue Magd und Dienerin in
Hegne –

Alle heiligen Schutzpatrone unserer Kirchen und
Gemeinden – Bittet für uns
Ihr Patrone der Stände und Berufe und alle unsere
Namenspatrone –
Alle Heiligen, die ihr in Kirchen und Kapellen un-
serer Heimat verehrt werdet –

V Groß bist du, o Gott, in deinen Heiligen,
A wunderbar in allen deinen Werken.
V Lasset uns beten. – Gott, du hast unsere Heimat
und unser deutsches Land reich gesegnet in den
Heiligen und Seligen, die du uns geschenkt hast.
Wir danken dir, daß sie unter uns waren und daß
ihr Wirken bis in unsere Tage reicht. Nun leben
sie bei dir. Sie schauen dich, wie du bist. Höre
auf ihre Fürbitte am Thron deiner Gnade, damit
auch in uns die Frucht des Geistes reife: Liebe,
Freude und Geduld. Nimm uns wie sie am Ende
unseres Pilgerwegs in die ewigen Wohnungen
auf, wo dein Volk dir durch Christus im Heiligen
Geist Lobpreis, Ruhm und Dank darbringt in
alle Ewigkeit. Amen.

Text

Die Heiligen

Die Heiligen in den Kapellen
wollen begraben werden, ganz nackt,
in Särgen aus Kistenholz
und wo niemand sie findet:
in einem Weizenfeld
oder bei einem Apfelbaum
dem sie blühen helfen
als ein Krumen Erde.
Die reichen Gewänder, das Gold und die Perlen,
alle Geschenke der fordernden Geber,
lassen sie in den Sakristeien,
das Los, das verlieren wird, unter dem Sockel.
Sie wollen ihre Schädel und Finger einsammeln
und aus den Glaskästen nehmen
und sie von den Papierrosen ohne Herbst
und den gefaßten Steinen
zu den welken Blumenblättern bringen
und zu den Kieseln am Fluß.

Sie verstehen zu leiden,
das haben sie bewiesen.
Sie haben für einen Augenblick
ihr eigenes Schwergewicht überwunden.
Das Leid trieb sie hoch,
als ihr Herz den Körper verzehrte.
Sie stiegen wie Ballons, federleicht,
und lagen in der Schwebe auf ihrem wehen Atem
als sei er eine Pritsche.

Deshalb lächeln sie jetzt,
wenn sie an Feiertagen
auf schweren geschmückten Podesten

auf den Schultern von achtzig Gläubigen
(denen man das Brot zur Stärkung voranträgt)
in Baumhöhe durch die Straßen ziehn.

Doch sie sind müde
auf den Podesten zu stehen
und uns anzuhören.
Sie sind wund vom Willen zu helfen,
wund, Rammbock vor dem Beter zu sein,
der erschrickt
wenn das Gebet ihm gewährt wird,
weil Annehmen
so viel schwerer ist als Bitten
und weil jeder die Gabe nur sieht
die auf dem erwarteten Teller gereicht wird.
Weil jeder doch immer von Neuem
in den eigenen Schatten tritt,
der ihn schmerzt.
Sie sehen den unsichtbaren Kreis
um den Ziehbrunnen,
in dem wir uns drehn
wie in einem Gefängnis.
Jeder will den Quell
in dem eigenen Grundstück,
keiner mag in den Wald gehn.
Der Bruder wird nie
das Feuer wie Abel richten
und doch immer gekränkt sein.

Sie sehen uns wieder und wieder
aneinander vorbeigehn
die Minute versäumend.
Wir halten die Augen gesenkt.
Wir hören den Ruf,
aber wir heben sie nicht.
Erst danach.

Es macht müde zu sehn
wie wir uns umdrehn
und weinen.
Immer wieder
uns umdrehn und weinen.
Und die Bitten zu hören
um das gestern Gewährte.
Nachts wenn wir nicht schlafen können
in den Betten, in die wir uns legen.
Sie sind müde
Vikare des Unmöglichen auf Erden
zu sein, des gestern Möglichen.
Sie möchten Brennholz
in einem Herdfeuer sein
und die Milch der Kinder wärmen
wie der silberne Stamm einer Ulme.

Sie sind müde, aber sie bleiben,
der Kinder wegen.
Sie behalten den goldenen Reif auf dem Kopf,
den goldenen Reif,
der wichtiger ist als die Milch.
Denn wir essen Brot,
aber wir leben vom Glanz.

Wenn die Lichter angehn
vor dem Gold,
zerlaufen die Herzen der Kinder
und beginnen zu leuchten
vor den Altären.
Und darum gehen sie nicht:
damit es eine Tür gibt,
eine schwere Tür
für Kinderhände,
hinter der das Wunder
angefaßt werden kann.

HILDE DOMIN

Lied

Ihr Freunde Gottes allzugleich
(siehe S. 180)

Rosenkranz

(Es ist hier vielleicht der Hinweis angebracht, daß das Rosenkranzgebet ein Jesus- bzw. Christusgebet ist; insofern sollte es grundsätzlich auch im ökumenischen Miteinander gebetet werden können.)

Eröffnung

Im Namen des Vaters ...
(siehe Grundgebete, S. 216)
Ich glaube an Gott ...
(siehe Grundgebete, S. 217)
Ehre sei dem Vater ...
(siehe Grundgebete, S. 216)
Vater unser ...
(siehe Grundgebete, S. 216)
Gegrüßet seist du, Maria ...
(siehe Grundgebete, S. 217)

Jesus, der in uns den Glauben vermehre
Jesus, der in uns die Hoffnung stärke
Jesus, der in uns die Liebe entzünde

Ehre sei dem Vater ...
(siehe Grundgebete, S. 216)

(Man betet zu Beginn eines jeden „Gesätzes" das Vaterunser; dann folgt zehnmal das Ave Maria, wobei nach dem Namen „Jesus" das entsprechende Geheimnis eingefügt wird; das „Gesätz" endet stets mit dem Ehre sei dem Vater.)

Die freudenreichen Geheimnisse

Jesus, den du, o Jungfrau, vom Heiligen Geist empfangen hast
Jesus, den du, o Jungfrau, zu Elisabet getragen hast
Jesus, den du, o Jungfrau, (in Betlehem) geboren hast
Jesus, den du, o Jungfrau, im Tempel aufgeopfert hast
Jesus, den du, o Jungfrau, im Tempel wiedergefunden hast

Die schmerzhaften Geheimnisse

Jesus, der für uns Blut geschwitzt hat
Jesus, der für uns gegeißelt worden ist
Jesus, der für uns mit Dornen gekrönt worden ist
Jesus, der für uns das schwere Kreuz getragen hat
Jesus, der für uns gekreuzigt worden ist

Die glorreichen Geheimnisse

Jesus, der von den Toten auferstanden ist
Jesus, der in den Himmel aufgefahren ist
Jesus, der uns den Heiligen Geist gesandt hat
Jesus, der dich, o Jungfrau, in den Himmel aufgenommen hat
Jesus, der dich, o Jungfrau, im Himmel gekrönt hat

Die trostreichen Geheimnisse

Jesus, der als König herrscht
Jesus, der in seiner Kirche lebt und wirkt
Jesus, der wiederkommen wird in Herrlichkeit
Jesus, der richten wird die Lebenden und die Toten
Jesus, der alles vollenden wird

(Zum Abschluß kann ein Marienlied gesungen werden; siehe S. 247)

Kreuzweg

V Herr Jesus Christus, wir wollen betend miteinander deinen Leidensweg nachgehen, den du vom Haus des Pilatus bis hinauf nach Golgota gegangen bist. Dankbar erinnern wir uns an dein Erbarmen. In dieses Erbarmen empfehlen wir unsere Lieben und Freunde, alle Menschen und auch uns selber mit unseren Sünden und unserem Leid.

Heiliger Gott!
Heiliger, starker Gott!
Heiliger, unsterblicher Gott!

A Erbarme dich unser.

(Die einzelnen Stationen werden gehend aufgesucht; anstelle des sonst üblichen Kreuzwegs wird davor jeweils eine Strophe zu der folgenden Melodie gesungen.)

Laßt uns, Christen, jetzt betreten
des Erlösers Leidens-bahn; lasset sehn, was,
uns zu retten, seine Liebe hat getan.
Christus ist uns vorgegangen auf den Weg der _
Pein und Schmach; wer zur Krone will gelangen,
trag sein Kreuz und folg ihm nach.

I. *Jesus wird zum Tod verurteilt*
Der von Gott ist ausgegangen und von Davids Blute
stammt. Er, der keine Sünd begangen, wird zum
Kreuzestod verdammt. Solches Urteil fällen Sün-
der! Doch dies Opfer wollte Gott, um uns arme
Menschenkinder zu befrein vom ew'gen Tod.

II. *Jesus nimmt das Kreuz auf seine Schultern*
Gott schont auch des eignen Sohnes unsrer Sünden
wegen nicht; tragen soll er, voll des Hohnes, selbst
sein Kreuz zum Blutgericht. Jesus trägt es voll Be-
gierde, unsre Rettung zu vollziehn. Christen, drückt
euch schwere Bürde, seht auf euren Heiland hin!

III. *Jesus fällt zum ersten Mal unter dem Kreuz*
Er, der einstens sprach: Es werde! und die Welt stand da voll Pracht, Gottes Sohn fällt jetzt zur Erde. Was hat ihn so schwach gemacht? Durch Gehorsam aufzurichten uns vom Fall, den wir getan, allen Hochmut zu vernichten, nahm er unsre Schwachheit an.

IV. *Jesus begegnet seiner Mutter*
Ach wie leidvoll stand die arme, die verlassne Mutter da, als sie ihren Sohn im Schwarme roher Henker kommen sah! Doch bei allen diesen Schmerzen bleibt sie fest und unverzagt. Lasset uns mit treuem Herzen folgen dieser Gottesmagd!

V. *Simon von Cyrene hilft Jesus das Kreuz zu tragen*
Simon muß dem Heiland tragen jetzt den schweren Kreuzesstamm. Seht, ein Mensch hilft in den Plagen dem verlassnen Gotteslamm. Laßt uns, Herr, in deinem Namen auch auf Simons Wegen gehen, ohne Furcht und ohn Erlahmen helfen, wo wir Elend sehen.

VI. *Veronika reicht Jesus das Schweißtuch*
Seht, Veronika, voll Milde reicht dem Herrn das Schweißtuch hin, und er lohnt mit seinem Bilde ihren Dienst und frommen Sinn. Er empfängt geringe Gabe, noch im Schmerz zum Dank bereit. Daß uns einst dein Bild, Herr, labe, sei uns Vorbild in der Zeit!

VII. *Jesus fällt zum zweiten Mal unter dem Kreuz*
Unsre Sünden, ach, erschweren dir dein Kreuz, du Heil der Welt. Wieder fällst du, zu vermehren unsrer Sünden Lösegeld. Schwerer fällt und aufersteht, wer zur Sünde wiederkehrt; doch wird auch ihm, wenn er flehet, noch vom Kreuze Heil beschert.

VIII. *Jesus begegnet den weinenden Frauen*
Weinend folgen fromme Mütter ihrem Herrn und
Lehrer nach. Ach, sie fühlen tief, wie bitter seine
Leiden, seine Schmach. Aber mitten in den Schmer-
zen seiner eignen Leidensnot kommt aus bangem
Heilandsherzen Warnung vor dem ewgen Tod.

IX. *Jesus fällt zum dritten Mal unter dem Kreuz*
Nochmals liegt er hingestrecket unter seines Kreu-
zes Last; Todesschweiß ihn ganz bedecket, und sein
Angesicht erblaßt. Sünder, auch dich zu beglücken,
kommt der Herr in solche Not! Soll die Schuld dich
nicht erdrücken, trag das Bußkreuz bis zum Tod.

X. *Jesus wird seiner Kleider beraubt*
Seine Liebe zu erfüllen, wurde Jesus arm und bloß;
unsre Schande zu verhüllen, trug er der Entklei-
dung Los. Solche Schmach hat neu erworben uns
das hochzeitliche Kleid. Hilf es bringen unverdor-
ben hin zum Mahl der Herrlichkeit.

XI. *Jesus wird ans Kreuz genagelt*
Meine Seele, ach, erwäge deines Heilands letzte
Not! Hör die dumpfen Hammerschläge, schau die
Wunden blutig rot! Und noch betet der Gerechte,
hart gequält von Spott und Pein, selbst für seine
Henkersknechte. Wollst auch mir einst gnädig sein!

XII. *Jesus stirbt am Kreuz*
Endlich ist der Sieg errungen. Jesus stirbt; es ist
vollbracht. Tod und Hölle sind bezwungen, hin auf
ewig ihre Macht. Du mein Retter und Befreier, Dank
sei dir für deinen Tod! Rette mich vom ewgen Feuer,
wann ich lieg in Todesnot!

XIII. *Jesus wird vom Kreuz abgenommen und in den Schoß seiner Mutter gelegt*

Schauet an die Schmerzensreiche, die ihr fromm den Kreuzweg geht; saget, ob ein Schmerz dem gleiche, was ihr bei Maria seht: ihren Sohn, den lieben, einen, hält sie tot in ihrem Arm. Herr, durch deiner Mutter Peinen einstens unser dich erbarm!

XIV. *Der heilige Leichnam wird in das Grab gelegt*

Treuer Jünger Hände betten Jesu Leichnam jetzt ins Grab; die Getreuen all zu retten steigt er selbst zur Höll hinab. Siegreich wird er auferstehen und sein Grab wird herrlich sein. Herr, laß uns verklärt dich sehen nach dem Tod im Osterschein!

M UND T: ROTTENBURGER GESANGBUCH 1865

Lied

1. Herz-lieb-ster Je-su, was hast du ver-bro-chen, daß man ein solch scharf Ur-teil hat ge-spro-chen? Was ist die Schuld, in was für Mis-se-ta-ten bist du ge-ra-ten?

2 Du wirst gegeißelt und mit Dorn gekrönet, / ins Angesicht geschlagen und verhöhnet, / du wirst mit Essig und mit Gall getränket, / ans Kreuz gehenket.

3 Was ist doch wohl die Ursach solcher Plagen? / Ach, meine Sünden haben dich geschlagen. / Ich, mein Herr Jesu, habe dies verschuldet, / was du erduldet.

4 Wie wunderbarlich ist doch diese Strafe. / Der gute Hirte leidet für die Schafe; / die Schuld bezahlt der Herre, der Gerechte, / für seine Knechte.

M: Johann Crüger (1640)
T: Johann Heermann (1630)

Wettersegen

(Das älteste deutsche Gebet zum Wettersegen stammt aus dem 12. Jahrhundert. Er kann im Frühjahr und Sommer täglich erteilt werden. Der Wettersegen entfaltet in Wort und Zeichen die Vaterunserbitte um das tägliche Brot und bringt vertrauensvoll zum Ausdruck, daß Gott weiß, was wir Menschen brauchen, daß er das Nötige gibt und sich so als der gute Vater erweist. Der Horizont dieses Segensgebets übersteigt den eigenen Lebensbereich. Zur Bitte um Gottes Segen gehört die Bereitschaft zum verantwortlichen Tun und zur Solidarität mit den Notleidenden, auch der notleidenden Kreatur.)

Gebet

V Vor Blitz, Hagel und Ungewitter
A bewahre uns, o Herr.
V Zeig uns deine Barmherzigkeit
A und schenke uns dein Heil.
V Herr, erhöre mein Gebet.
A Und laß mein Rufen zu dir kommen.

V Lasset uns beten: Gott, guter Vater, du hast uns diese deine Welt anvertraut. Pflanzen aller Art hast du geschaffen und willst, daß sie gedeihen und Frucht bringen. Dankbar bedienen wir uns der Früchte der Felder, Gärten, Weinberge und Wälder. Du schenkst uns ihren Ertrag als Gabe deiner Liebe, damit wir in Gesundheit und Freude leben können. Wir bitten dich: Halte Sturm, Hagel, Flut, Frost, Dürre, Schädlinge und jedes Unheil von uns fern. Bewahre alle Landstriche unserer Erde vor Katastrophen, damit jeder Mensch das zum Leben Nötige hat. Durch Christus, unsern Herrn.
A Amen.
V Der Herr segne die Felder, Gärten und Weinberge und alle Menschen, die dort arbeiten.
A Amen.
V Der Herr lasse das Werk unserer Hände gedeihen und halte allen Schaden fern.
A Amen.
V Das gewähre uns der allmächtige Gott, der Vater und der Sohn und der Heilige Geist.
A Amen.

Lied

1. O Gott, streck aus dein mil-de Hand und seg-ne gnä-dig Leut und Land; auch hal-te nach der Gü-te dein mit den verdienten Pla-gen ein.

1.-6. Er-barm dich un-ser, o heil-ger Gott, du un-sterb-li-cher, du star-ker Gott.

2 Vergiß, o Gott, was wir getan, / sieh unsre Misse-tat nicht an. / Laß alle Schuld vergeben sein, / denk an die große Liebe dein. *Kv*

3 Laß aller Menschen Tun gedeihn, / ihr Werk von dir behütet sein. / Sei jedem nah mit deiner Kraft, / daß er getreu das Rechte schafft. *Kv*

4 Herr, segne auch mit deiner Hand, / was wächst und reift in unserm Land. / Wend ab Frost, Blitz und Hagelschlag / und alles, was uns schaden mag. *Kv*

5 Behüt die Welt vor Krieg und Streit, / vor Hunger, Krankheit, Haß und Neid. / Gib, daß in Fried und Einigkeit / dir diene alle Christenheit. *Kv*

6 Gott Vater, schau vom hohen Thron / auf deinen
lieben einzgen Sohn. / Er zeigt dir sein vergossnes
Blut; / das komm, o Vater, uns zugut.   *Kv*

M: Jakob Gippenbusch
T: Köln (1642)

> Wir essen Brot, aber wir leben vom Glanz
> (nach: Hilde Domin).

Impulse und Anregungen

Ich sehe was, was du auch siehst
Impulse zu einer „geistlichen Heimatkunde"

Spuren suchen und deuten

Zum Wirken Gottes und seines Heiligen Geistes gehört, daß er Spuren hinterläßt. Oft sind solche Spuren das einzige Zeichen dafür, daß Gott wirkt oder am Werk gewesen ist. Manchmal sind diese Spuren des Geistes so klar, unmißverständlich und unumstritten, daß sie strahlend durch die Geschichte leuchten und auch so gesehen und verstanden werden, etwa, wenn er Propheten erweckt, wenn er Männer und Frauen ruft und sie zu leibhaftigen und lebendigen Zeichen seiner Gegenwart macht wie Franz von Assisi, Elisabeth von Thüringen, Martin Luther King, Mahatma Gandhi, Mutter Teresa und ungezählte andere.

Auch die Heiligen unserer Region: Adelindis (Buchau), Albertus Magnus (Lauingen), Anno (Altsteußlingen/Köln), Markgraf Bernhard von Baden, Gute Beth (Reute), Bonifatius (Apostel Deutschlands/Fulda – mit Lioba, Thekla, Walburga), Fidelis (Sigmaringen), Fridolin (Säckingen), Gebhard (Bregenz/Konstanz), Jakob Griesinger (Ulm), Hariolf (Ellwangen), Heimerad (Meßkirch), Hermann der Lahme (Reichenau), Irmengard (Buchau), Philipp Jeningen (Ellwangen), Kilian (Würzburg), Kolumban und Gallus (Bodensee/Oberrhein), Konrad (Altdorf), Leonhard (Noblac/Oberschwäb. Bauernheiliger), Luitgard (Schenkenzell/Wittichen), Magnus (Füssen/Allgäu), Martin (Tours/Diözesanpatron Rottenburg-Stuttgart), Rupert Mayer (Stuttgart), Meinrad von Sülchen (Reichenau), Odilia (Odilienberg), Pirmin (Reichenau), Heinrich Seuse (Ulm),

Carlo Steeb (Tübingen), Ulrich (Augsburg), Ulrika Nisch (Mittelbiberach/Hegne), Wendelin (Oberschwäb. Bauernheiliger), Wilhelm (Hirsau), Wolfgang (Pfullingen/Regensburg), Verena (Zurzach), – um nur einige zu nennen. – An anderer Stelle genannt werden ferner häufige Kirchenpatrone, darunter häufig gerade auch der heilige Jakobus d. Ältere.

Aber neben solch klaren Spuren gibt es noch viele andere, die freilich oft verschüttet sind unter den jahrhundertedicken Ablagerungen der Geschichte; wer sie sucht, muß geduldig Schicht um Schicht abtragen, um sie behutsam freizulegen.

Und dann gibt es noch solche Spuren, die kaum beachtet werden, weil sie auf den ersten Blick weder heilig noch fromm noch geistlich aussehen, sondern unscheinbar und alltäglich. Und dann noch jene Spuren, mit denen wir so selbstverständlich leben und die so fraglos zu unserer Welt gehören, daß wir sie gar nicht mehr bewußt wahrnehmen. Auf politischer Ebene gehören dazu etwa die Menschenrechte, die erst seit 1948 in der Charta der Vereinten Nationen verzeichnet sind, oder das Grundgesetz der Bundesrepublik Deutschland, das eben fünfzig Jahre alt wird; im täglichen Leben gehören dazu etwa das Geläut der Kirchenglocken, Grab- und Feldkreuze, so manche Gedenktafeln oder ganz einfach auch eine Vielzahl von Namen, Redensarten und sprachlichen Wendungen – vom Grüß' Gott bis zum Fluchen –, die aus biblisch-christlich geprägter Wirklichkeitsdeutung stammen.

Es gehört zur Menschwerdung Gottes, daß Gottes Geist nicht anders wirken will als durch die Herzen, den Geist, die Hände der Menschen. Die Spuren dieser Wirksamkeit führen daher unmittel-

bar in die Geschichte der Menschen hinein, in die
Geschichte ihrer Kultur, in die Geschichte ihres ge-
meinschaftlichen und persönlichen Lebens und
Leidens, in die Geschichte ihres Glaubens, Hoffens
und Liebens.

Wenn wir also die Spur der Menschen und ihrer
Geschichte aufnehmen, wenn wir die Zeugnisse ihres Lebens, ihres Denkens, Redens, Tuns und Glaubens wahrnehmen, zu uns sprechen lassen und deuten, dann wird uns darin die Spur Gottes in
Geschichte und Gegenwart durchschimmern, die
Spur seines Geistes, der weht, wo er will, der im
Außergewöhnlichen ebenso wirkt wie im Gewöhn-
lichen. Mit einer solchen „geistlichen Heimatkunde" lernen wir nicht nur andere Menschen kennen, sondern auch uns selbst: Wir sehen klarer,
woher wir kommen und wer uns vorausgegangen
ist; wir nehmen aufmerksamer wahr, wo wir stehen
und wer unsere Zeitgenossen und Weggefährtinnen
sind; wir spüren deutlicher die Sehnsucht nach dem
Ziel unseres Weges – dem Geheimnis des lebendigen
Gottes.

Spuren auf dem Weg und am Ort

An jedem Ort, in jeder Region gibt es vielfältige
Zeugnisse des religiösen, sozialen, kulturellen und
politischen Lebens, die entdeckt und zum Sprechen
gebracht werden können: Gegenstände, Orte, Gebäude, Einrichtungen; Bilder, Lieder, Gebete, Gedichte und Texte, Bräuche, Lebensgeschichten …
Besondere Aufmerksamkeit, aber auch Behutsam-
keit verdienen dabei jene Spuren des göttlichen
Geistes, die außerhalb der Kirchen zu finden sind,

und zwar immer dort, wo Menschen durch irgendwelche Ereignisse oder Taten ein Mehr an Leben, an Freiheit, an Würde eingefordert und erlangt haben.

Die folgende Beispielsammlung, die vielfacher Ergänzung fähig ist, mag zur Auswahl anregen und ein Impuls sein, entsprechend den örtlichen Gegebenheiten und eigener Kenntnis, besondere Fragestellungen zu finden.

- Religiöse Monumente: die eigene Pfarrkirche, andere Kirchen, Kapellen, Wegkreuze, Bildstöcke, Heiligendarstellungen, Votivtafeln, Inschriften, Grabsteine;
- Ausgrabungen, vor- und frühchristliche Zeugnisse;
- Bedeutende/prägende Persönlichkeiten: Kirchenpatrone, Stifter, Heilige/Selige aus der Region (s. o.);
- Gemeindepfarrer, Ordensleute, Personen, die allgemein als besonders überzeugende Christen bekannt sind;
- Örtliche Traditionen: Prozessionen, Wallfahrten, Feste (z. B. Patrozinium), Palmen, „Frauentage", Ökumene …; damit man sich gegebenenfalls etwas vorbereiten kann, werden hier solche Kirchenpatrone genannt, die in der Region / Diözese häufig vertreten sind: St. Alban, St. Andreas, St. Anna, St. Antonius, St. Barbara, St. Bartholomäus, St. Benedikt, St. Bernhard, St. Blasius, St. Bonifatius, St. Clemens, St. Cornelius und Cyprian, St. Cyriakus, St. Dionysius, St. Eberhard, St. Elisabeth, St. Felix, St. Franziskus, St. Gallus, St. Georg, St. Jakobus, St. Jodok, St. Johann Bapt., St. Johann Evang., St. Josef, St. Katharina, St. Kilian, St. Kolumban, St. Konrad,

St. Laurentius, St. Leodegar, St. Leonhard, St.
Magnus, St. Margareta, St. Maria, St. Markus,
St. Martinus, St. Mauritius, St. Michael, St. Ni-
kolaus, St. Oswald, St. Otmar, St. Ottilia, St.
Pankratius, St. Paulus, St. Petrus (oft gemein-
sam), St. Remigius, St. Sebastian, St. Silvester,
St. Stephanus, St. Ulrich, St. Urban, St. Ursula,
St. Verena, St. Vitus, St. Walburga, St. Wendelin,
St. Wolfgang;

- Jakobswege und Jakobskirchen in Südwest-
deutschland: Hier können nur ein paar Großli-
nien genannt werden; zur Konkretisierung und
zum genauen Verlauf vgl. die im 3. Teil des Litera-
turverzeichnisses genannten Führer: Würzburg -
Heilbronn - Stuttgart - Tübingen - Konstanz bzw.
Straßburg - Freiburg - Basel; Würzburg - Rothenburg - Ellwangen - Ulm - Konstanz - Einsiedeln
bzw. Basel; Nürnberg - Nördlingen - Neresheim -
Ulm - usw., s. o./u.; Stuttgart - Göppingen - Geis-
lingen - Ulm - usw., s. o./u.; Ulm - Bad Waldsee -
Ravensburg - Meersburg - Konstanz. - In Baden-
Württemberg sind insgesamt über 140 dem hl.
Jakobus d. Ä. geweihte Kirchen und Kapellen
nachweisbar; einige dieser Kirchen sollen mit
Ortsnamen hier erwähnt werden; die Konfes-
sionsbezeichnung wird angegeben, weil evang.
Kirchen außerhalb der Gottesdienstzeiten oft geschlossen sind: Albeck (ev.), Auenstein (ev.), Bar-
gau (kath.), Brackenheim (ev.), Brochenzell
(kath.), Bubsheim (kath.), Burlafingen (kath.),
Dürrenwaldstetten (kath.), Eggmannsried (kath.),
Emerkingen (kath.), Grimmelfingen (ev.), Groß-
ingersheim (ev.), Hechingen (kath.), Heratskirch
(kath.), Herrenzimmern (kath.), Hohenberg
(kath.), Hohenstaufen (ev.), Ihlingen (kath.), Isels-

hausen (ev.), Jebenhausen (ev.), Krummwälden (kath.), Kuchen (ev.), Künzelsau-Nagelsberg (kath.), Laupertshausen (kath.), Leutenbach (kath.), Muttensweiler (kath.), Oberwilzingen (kath.), Rötenbach (kath.), Seebronn (kath.), Sigmarswangen (ev.), Sinabronn (ev.), Tiefenbach (kath.), Tübingen (ev.), Winnenden (ev.), Zimmern u. d. Burg (kath.).

- Klöster, religiöse Gemeinschaften, Wallfahrtsorte;
- Entwicklungs„schübe" in der Geschichte: Christianisierung, Armutsbewegung, Bruderschaften, Hospize, Reformation, Bauernkrieg, Dreißigjähriger Krieg, Weltkriege, Ansiedlung von Vertriebenen, Flüchtlingen, Asylanten, multikulturelles Zusammenleben;
- Konfessionelle Prägung: Orte, Gestalten und Traditionen der Reformation, pietistische Gemeinschaften, Angehörige anderer christlicher Bekenntnisse und Gemeinschaften;
- Zeugnisse jüdischen Lebens: Friedhöfe, Synagogen, Schulen, Gedenkstätten, Erinnerungen an Personen, Feste, Traditionen, jüdisch-christliche Begegnungsstätten und Gesprächskreise;
- Zeugnisse islamischen Lebens: Moscheen, Gebets- und Gemeinderäume, Feste, Kleidung, islamisch-christliche Begegnungsstätten und Gesprächskreise;
- Zeugnisse sozialer Verantwortung: Stiftungen, Einrichtungen, Heime, Vereine, Initiativen, Selbsthilfeorganisationen, soziale Projekte verschiedener Art, bürgerschaftliches Engagement;
- Zeugnisse unserer Alltagssprache, in denen eine geistliche und/oder religiöse Sicht der Wirklichkeit zum Ausdruck kommt: Sprichwörter, Re-

densarten, Begrüßungs- und Abschiedsformeln, die in unserem Sprachraum (noch) gebräuchlich sind.

Spuren im eigen Leben – in der persönlichen Geschichte

Neben Zeugnissen, die ein Stück der gemeinsamen Geschichte eines Ortes oder einer Region ausmachen, gibt es auch Spuren göttlichen Wirkens in der eigenen Lebensgeschichte. Solchen Spuren nachzugehen, von ihnen zu erzählen und sie gemeinsam anzuschauen kann in sehr einprägsamer Weise zeugnishaft sein.

Allerdings setzt dies eine gewisse gegenseitige Vertrautheit voraus und die Bereitschaft, persönliche Erfahrungen mitzuteilen und solchen Mitteilungen respektvoll zu begegnen bzw. damit vertraulich umzugehen. Eine kompetente, einfühlsame Gesprächsleitung ist dabei wichtig.

- Personen, die meine Kindheit geprägt haben, von denen ich leben, lieben, hoffen, glauben gelernt habe. Welche Beziehungen hatte ich damals/habe ich heute zu ihnen?
- Erinnerung an Lieder, Gebete, Bilder, Gegenstände, Szenen, Gesten ..., in denen Gott, Kirche, Jesus irgendwie vorkam. Welche Gefühle sind damit verbunden? Wie wurde/wird der Glaube in meiner Familie gelebt?
- Gegenstände, Vollzüge, Rituale, Texte, Symbole mit religiöser Bedeutung. Was bedeuten sie mir, was signalisiere ich anderen damit (z. B. Sternsingersegen über der Haustür, Kettchen mit

Kreuzanhänger, Christophorus im Auto, Fisch-
symbol auf dem Auto, Kerze anzünden in einer
Kirche ...)?

■ Orte, an denen ich mich spirituell wohl bzw. daheim fühle (Kirche, Weg, Waldlichtung, Friedhof, bestimmte Klöster ...), Kirche, in der ich ge-
tauft (gefirmt, konfirmiert, getraut ...) wurde,
Feste gefeiert habe, von geliebten Verstorbenen
Abschied genommen habe ...

■ Welche Bedeutung hat mein Vorname für mich?
Weshalb habe ich gerade diese/n Vornamen bekommen (Tradition, gleichnamige Verwandte,
Mode, Schönheit des Klangs, sympathisches
Vorbild ...)? Habe ich selbst irgendeine Beziehung zu meinem Namenspatron/meiner Namens-
patronin?

■ Was weiß ich von meinen Vorfahren? Wie weit
reicht die Erinnerung bzw. das Erzählen vom
Hörensagen zurück? Wie stelle ich mir diese
Menschen vor? Was würde ich ihnen gerne zeigen
oder erzählen, was möchte ich sie fragen?

■ Welche Beziehung zu anderen Konfessionen/Re-
ligionen bzw. zu Menschen aus solchen gab/gibt
es in meiner Familie?

Spuren auf die Spur kommen:
Methodische Anregungen

Wer in seiner Umgebung und in seiner eigenen Geschichte Spuren des Glaubens suchen, erkennen
und deuten will, kann dies auf recht verschiedene
Weise tun: allein, mit der Familie, mit Freunden, in
kleineren Gruppen, in der Kirchengemeinde, auf einem Pilgerweg oder einer Wallfahrt.

Es geht jedoch nicht bloß darum, möglichst viel aus vergangener Zeit in Erfahrung zu bringen, möglichst viel und vollständig zu erkunden und zu entdecken. Wichtig ist vielmehr, Zeugen und Zeichen des Glaubens wirken zu lassen, sie gleichsam zum Sprechen zu bringen, in Beziehung treten zu Menschen, die durch die Spuren, die sie uns hinterlassen haben, oder durch die Anstiftungen, die wir von ihnen empfangen haben, uns zu Boten und Zeugen des Glaubens geworden sind/werden. Solche Spuren werden in verschiedenen Schichten freigelegt; diesen Schichten entsprechen die verschiedenen Schritte:

- Wahrnehmen, was ist, die Wirklichkeit anschauen, sich informieren;
- Welche Quellen stehen zur Verfügung?
- Pfarrbücher, Chroniken, Beschreibungen und Dokumente in Archiven, Tagebücher, Inschriften an Gebäuden, Fenstern, Gedenksteinen usw., Straßennamen, Flurnamen;
- Personen, die an Heimatgeschichte, Stadt-, Orts-, Pfarrei-, Kirchengeschichte besonders interessiert sind und sich gut auskennen;
- Zeitzeugen befragen;
- Orte (Kirchen, Kapellen, Wegkreuze, Friedhöfe, Denkmäler, Gedenkstätten etc.) aufsuchen, sich Zeit nehmen, um einfach zu schauen, zu be-gehen, zu be-greifen, zu be-sitzen;
- Das Wahrgenommene, Gesehene, Gelesene, Gehörte auf sich wirken lassen;
- Wie wirkt dieser Ort auf mich? Welche Erinnerungen werden wach? Welche Gedanken und Gefühle? Welche (vielleicht unwesentlichen) Details fallen mir auf?
- Austausch darüber;

- Gegebenenfalls ergänzende Informationen geben lassen oder beschaffen zu Entstehung, Stil, kunstgeschichtlichem Wert, Wirkungsgeschichte, spiritueller Bedeutung etc.;

- In Beziehung treten zu Menschen, die mit diesem Ort/dieser Örtlichkeit verbunden sind: sich die Menschen vergegenwärtigen, die diesen Ort/Gebäude/Einrichtung gestiftet, gebaut, gepflegt haben, die hierherkommen/gekommen sind, um zu beten, zu bitten, zu hoffen, zu danken, zu klagen, zu trauern, sich zu erinnern, zu feiern ...;

- Die Geschichte des Ortes/der Örtlichkeit und der Menschen im Licht des Wortes Gottes betrachten (dazu können die zahlreichen Schrifttexte in diesem Buch herangezogen werden oder solche, die Ihnen besonders bedeutsam und wichtig sind);

- Eventuell Austausch darüber (z. B. mit Schritten der Methode Bibel-Teilen) z. B. vor Antritt oder nach Abschluß einer Wallfahrt/eines Pilgerwegs;

- Abschluß mit geistlichem Akzent (gemeinsames Gebet, freies Fürbittgebet, Statio, Tagzeiten, Andacht ...) und/oder Lied (dazu hier in diesem Buch zahlreiche geeignete Formen und Texte);

- Die Gemeinschaft des Glaubens/Weggemeinschaft möglicherweise weiter „erden" durch eine Gemeinschaft des Lebens (Kontakt halten, gemeinsame Unternehmungen, gegenseitige Hilfe in alltäglichen Dingen auf dem Weg und unter Umständen danach, Aufmerksamkeit füreinander ...).

Bezieht sich die Spurensuche mehr auf Personen als auf materielle Zeugnisse (Gebäude usw.), so ist die persönliche Ebene bei der Erschließung besonders wichtig.

Wenn es sich dabei um Personen handelt, die innerhalb der Gemeinschaft (des Dorfes, der Stadt, eines Vereins, einer Gruppe ...) eine wichtige Rolle gespielt haben und allgemein bekannt sind, so können die Teilnehmer/-innen zusammentragen, was sie aus eigener Erinnerung, vom Hörensagen, aus Erzählungen oder anderen Quellen über diese wissen. Auf diese Weise kann ein lebendiges, perspektivenreiches, spannendes, realistisches Lebensbild entstehen, das authentischen Zeugniswert gewinnen kann. Gesprächsimpulse:

- Welche Züge/Taten finde ich besonders liebenswert, überzeugungsmächtig, welche eher befremdend, unverständlich, abstoßend?
- Was beeindruckt mich an dieser Frau/an diesem Mann?
- Wenn diese Person heute nochmals wiederkäme, was würde ich ihr gern sagen, worüber mit ihr sprechen, was sie fragen?

Die Beschäftigung mit Glaubenszeugnissen und Glaubenszeugen, mit Zeugen und Zeugnissen der Humanität und des Geistes kann ganz unterschiedliche Gestalten und Formen haben, etwa mehr im Stil einer Bildungsveranstaltung oder eher meditativ oder im liturgischen Rahmen. In jedem Fall sollen informierende, erschließende, persönlich-existentielle und spirituelle Elemente einander ergänzen und bereichern, denn so kann deutlich werden: Es geht darum, in den Spuren menschlicher Lebens- und Kulturgeschichte Spuren jenes göttli-

chen Geistes zu entdecken, der die Kirche und die
ganze Christenheit führt – und bisweilen auch zieht
und schiebt – auf ihrem Weg durch die Zeit.

Pilgern mit Solidarität und Hoffnung

Beispiele von Pilgerwegen 1996/97 in Württemberg
als Anregung zum Entdecken von Stationen am Weg:

Frieden: Versöhnung über Gräbern

Brettheim/Hohenlohe, ein Dorf mit 1300 Einwoh-
nern. Am 7. April 1945, kurz vor Kriegsende, stehen
die Amerikaner vor dem Dorf. Vier Hitlerjungen
kommen aus dem Nachbarort, um mit vier Panzer-
fäusten und einem Gewehr das Dorf zu verteidigen.
Bauer Hanselmann stellt sie beherzt auf der Dorf-
straße zur Rede und wirft ihre Waffen in den Dorf-
teich, um so das Dorf vor der sicheren Zerstörung zu
bewahren. Am gleichen Nachmittag noch wird er
verhaftet und zum Tod verurteilt. Bürgermeister
Gackstatter und der NSDAP-Ortsgruppenleiter
Wolfmeyer unterschreiben das Urteil nicht. Tage
später werden auch sie zum Tod verurteilt. Alle drei
werden am Eingang zum Friedhof des Dorfes er-
hängt. Tagelang dürfen die Leichen nicht abgenommen werden. Die SS-Richter werden nach dem
Krieg freigesprochen, den drei Witwen wird die
Rente wieder gestrichen. – Betroffen hören wir die
Geschichte, sehen die Orte des Geschehens, erleben
denjenigen, auf dessen Betreiben erst vor kurzem
ein kleines Museum im Dachgeschoß des Rathauses
eingerichtet wurde. Und auf dem Friedhof beginnen
wir zu singen: *Freunde, daß der Mandelzweig wieder blüht und treibt, ist das nicht ein Fingerzeig, daß*

die Liebe bleibt? Der Weg am nächsten Tag ist anders, wir brauchen Zeit.

Anregungen für andere Stationen:
- Interreligiöser Dialog;
- Gedenkstätten (Friedhof, KZ, Einzelpersonen …);
- Internationale Partnerschaft (Europa, weltweit);
- Standorte der Bundeswehr, des THW …;
- Gruppen: „Ohne Rüstung leben", „Pax Christi" …

Gerechtigkeit: Bauern unter Druck

An einem steinigen Acker begegnen wir einer Bauersfamilie, die Steine zusammenliest. Am Abend sitzen wir in einer Scheune in Niedernweiler bei Blaufelden und hören von den Bauern, wie sie unerbittlichen wirtschaftlichen Zwängen, physischen und psychischen Zerreißproben ausgesetzt sind und dennoch von vielen als Naturzerstörer und Subventionsjäger abgestempelt werden. Einen Holzrechen geben sie uns mit. Daran sind Zettel mit vielen Sorgen und Hoffnungen befestigt. Und ein Tuch mit einem Knoten, der uns und alle an die Bauern erinnert, zu denen der Rechen zwischenzeitlich gewandert ist: In Erfurt, Graz, Brüssel und Straßburg.

Ein Liedvers wird immer wieder angestimmt: *Vertraut den neuen Wegen und wandert in die Zeit. Gott will, daß ihr ein Segen für die Erde seid …*

Anregungen für andere Stationen:
- Asylbewerberheim;
- Arbeitslosigkeit;
- Eine-Welt-Laden;
- Arbeit mit Behinderten (Werkstätten, Schulen);

■ Neuer Lebensstil, neue Wohnformen, neue Arbeitsformen.

Bewahrung der Schöpfung:
Leben im Einklang mit der Schöpfung

Ein solches Leben wollen in der Vorbachmühle in Weikertsheim drei Familien ausprobieren. Eingebettet in einen spirituell-liturgisch gestalteten Tages- und Wochenablauf, versuchen sie einen schöpfungsverträglichen Lebensstil im Alltag, eine Energieerzeugung mit Sonne und Wasser und eine ökologische Auswahl von Baumaterialien. Die weltweiten Beziehungen, die Diskussion und die Arbeit für mehr Gerechtigkeit an einigen Orten der Erde (gerade auch in Problemen der Wasserversorgung) spielen eine wichtige Rolle.

Immer wieder erinnert die Schönheit der zu Fuß begangenen Landschaft an die Gespräche mit den Hausbewohnern: Alte Weinberge, Wildtulpen und andere Blumen, bunte Gärten, gelbe Rapsfelder.

Anregungen für andere Stationen:
■ Stromerzeugung (Verbrennungskraftwerk, erneuerbare Energien ...);
■ Landwirtschaft (artgerechte Tierhaltung, ökologischer Landbau, Sonderkulturen ...);
■ Regionaler Einkauf von Lebensmitteln (Hofladen ...);
■ Bau von Siedlungen, Gewerbegebieten, Straßen und ihren Konflikten;
■ Natur-/Landschaftsschutzgebiet, Naturschutzzentrum (Kennenlernen von Landschaft, Tieren, Pflanzen ...);

- Umgang mit Wasser (Regenwasser, Abwasser ...) und Abfall (Sortieranlage, Deponie, Verbrennung ...);
- Umweltfreundliche Technologien bei Autos, Energieerzeugung, Straßenbau, Lärmschutz, Niedrigenergiehaus, Beleuchtung, Bodenentsiegelung ...;
- Umweltfreundlicher Gartenbau (Gemüse/Blumen, Ziergarten, Balkonpflanzen ...);
- Schutz des menschlichen Lebens (Hospizdienst, Konfliktberatung ...).

Anhang

Vorbemerkung

Sowohl die wissenschaftliche als auch die religiöse und spirituelle Literatur zum Thema Pilgern und Wallfahren ist unübersehbar; auch praktische Ratgeber und Erfahrungsberichte gibt es in großer Zahl. Hier Vollständigkeit anzustreben, wäre ein vergebliches Unterfangen. Aber auch die Literatur zum Jakobsweg ist in den vergangenen dreißig Jahren nahezu uferlos geworden. Die derzeit am leichtesten greifbare Zusammenstellung einschlägiger Quellen und Literatur (s. u. Herbers/Plötz, Nach Santiago zogen sie) erfaßt nahezu 700 Titel, darunter neben deutschen auch zahlreiche englisch-, französisch- und spanischsprachige Arbeiten. Sie nennt auch die wichtigsten internationalen Bibliographien, mit denen speziell Interessierte weiterfinden und -arbeiten können. Die hier angeführte Literatur ist nach folgenden Kriterien ausgewählt: Sie soll über Verlage – bei einigen wenigen älteren Werken über Bibliotheken – leicht zu beschaffen sein, Grundlageninformation vermitteln und praktische Hilfestellung zur Gestaltung sowie zu Wegen und Zielen geben; dies gilt gerade auch für die Literatur zum Jakobsweg. Ein in Klammern angefügtes Kürzel (Lit.) macht Werke kenntlich, die besonders umfangreiche bzw. weiterführende Literaturverzeichnisse bieten.

Pilgern und Wallfahren allgemein

• Ammann, R.: Damit die Rosen Dornen tragen: eine Wallfahrt mit jungen Leuten, ein Weg, ein Ziel. Valendar 1985.

• Baumer, I. – Heim, W.: Wallfahrt heute. Freiburg (Schweiz)–Konstanz 1978.

• Beck, O. – Leser, R. – Rasemann, R.: Durch Feld und Flur. Umritte und Reiterprozessionen. Ulm 1994. (Lit.)

• Brantschen, N.: Der Weg ist in dir. Zürich 1996.

• Breitenbach, R. (Hrsg.): Werkbuch Wallfahrt. Hinführung – Modelle – Materialien. Mainz 1993.

• Clotz, P. M. (Hrsg.): Unterwegs mit Gott. Ökumenische Pilgerwege. Giessen–Basel 1998.

• Communio. Internationale Katholische Zeitschrift. Themenheft Wallfahrt. 26. Jg. 1997.

• Concilium. Internationale Theologische Zeitschrift. Themenheft: Die Wallfahrt. 32. Jg. Heft 4. Mainz 1996.

• Dettmer, H. (Hrsg.): Zu Fuß, zu Pferd … Wallfahrten im Kreis Ravensburg. Katalog der Ausstellung im Kloster Weingarten 1990. Biberach 1990. (Lit.)

• Erneuerung in Kirche und Gesellschaft. Ökumenische Zeitschrift. Themenheft: Als Pilger unterwegs. Heft 72. 3/1997.

• Evangelisches Missionswerk (EMW) (Hrsg.): Unterwegs für das Leben. Ökumenische Pilgerwege in Europa. Hamburg 1998 (= Weltmission heute 33).

• Ferner, M.: Wohin gehst du? Ein meditativer Pilgerweg. Graz 1997.

• Grün, A.: Auf dem Wege. Zu einer Theologie des Wanderns. Münsterschwarzach 1983. Neuauflage 1997 (= Münsterschwarzacher Kleinschriften 22).

- Hansen, S. (Hrsg.): Die deutschen Wallfahrtsorte. Ein Kunst- und Kulturführer zu über 1000 Gnadenstätten. [2]1991. (Lit.)
- Josuttis, M.: Der Weg in das Leben. München 1991.
- Knippenkötter, A. – Voß-Goldstein, Chr. (Hrsg.): FrauenGottesDienste, Band 6. Unterwegs auf Gottes Spuren: Wallfahrt. Ostfildern – Düsseldorf 1999.
- Kriss-Rettenbeck, L. – Möhler, G. (Hrsg.): Wallfahrt kennt keine Grenzen. Themen zu einer Ausstellung des Bayerischen Nationalmuseums und des Adalbert-Stifter-Vereins München. München–Zürich 1984.
- Mielenbrink, E.: Beten mit den Füßen. Über die Geschichte, Frömmigkeit und Praxis von Wallfahrten. Kevelaer 1993.
- Multhaupt, T. u. H.: Auf dem Weg nach Hause. Ein Pilgerbrevier. Aachen 1993.
- Nigg, W.: Des Pilgers Wiederkehr. Drei Variationen über ein Thema. Zürich 1992.
- Niggemeyer, M.: Durchkreuzte Lebenswege. Ein Begleitbuch zur geistlichen Orientierung. Ostfildern 1994.
- Dies. (Hrsg.): Schritte werden Weg. Ein Pilgerbuch. Schweinfurt 1996.
- Rohrbach, G.: Eine Reise weit zu mir. Neukirchen 1995.
- Schulte-Stade, R. – Mielenbrink, E. (Hrsg.): Mit Zuversicht und Freude. Gebete und Gesänge zur Wallfahrt. Kevelaer 1995.
- Walter, K. (Hrsg.): Wallfahrt – in Bewegung auf Gott. Annweiler 1986.

Zum Jakobsweg allgemein

• Auf alten Wegen Europa neu entdecken. Museumpädagogisches Zentrum. München 1992.

• Bottineau, Y.: Der Weg der Jakobspilger. Geschichte, Kunst und Kultur der Wallfahrt nach Santiago de Compostela. Bergisch-Gladbach 1987, ND 1992. (Lit.)

• Caucci von Saucken, P. (Hrsg.): Santiago de Compostela. Pilgerwege. Augsburg 1996. (Lit.)

• Der Jakobsweg. Geschichte und Geist einer Pilgerstraße. Thomas-Morus-Akademie Bensberg 1993.

• Hell, V. und H.: Die große Wallfahrt des Mittelalters. Tübingen 1964, ^{4}1985.

• Herbers, K.: Der Jakobsweg. Mit einem mittelalterlichen Pilgerführer unterwegs nach Santiago de Compostela. Tübingen-Basel 1986. ^{6}1999. (Lit.)

• Herbers, K. – Plötz, R. (Hrsg.): Jakobus-Studien. Im Auftrag der Deutschen St.-Jakobus-Gesellschaft. 9 Bde. Tübingen-Basel 1988–1999.

• Dies.: Nach Santiago zogen sie. Berichte von Pilgerfahrten ans ‚Ende der Welt'. München 1996. (Lit.)

• Kamper, D. – Wulf, Chr.: Im Schatten der Milchstraße. Erfahrungen auf dem ‚Camino de Santiago'. Tübingen 1981.

• Müller, P.: Wer aufbricht, kommt auch heim. Vom Unterwegssein auf dem Jakobsweg. Eschbach 1993, ^{2}1996.

• Rohrbach, C.: Jakobsweg. Wandern auf dem Himmelspfad. München 1999.

• Teklenborg, B.: Jakobsweg der Freunde. Von Strasbourg nach Santiago de Compostela. Wanderreiseführer – Routenplaner. Salem 1997.

• Schwarz, A.: Die Sehnsucht ist größer. Erfahrungen auf dem Weg nach Santiago de Compostela. Freiburg-Basel-Wien 1998.

Süddeutsche Jakobswege:
Orientierungshilfen und Führer

• Baierl, E. – Dettling, W. – Högler, P. – Rebele, J.: Auf dem Jakobsweg von Würzburg über Rothenburg o. d. T. und Hohenberg nach Ulm. Wander- und Kulturführer. Uffenheim 1999.
• Eberhardt, A. – Saile, H. – Sickler, K.-J. (Hrsg.): Den Spuren folgen. Der Jakobus-Pilgerweg von Horb nach Loßburg. Wanderführer. Stuttgart 1997. (Selbstverlag; Bezug über Buchhandlung Kohler, D-72160 Horb a. Neckar).
• Fleischer, G.: Jakobusweg I.1. Nürnberg–Schwabach–Abenberg–Kaltensteinberg–Gunzenhausen. Ostfildern 1999.
• Dies.: Jakobusweg I.2. Gunzenhausen–Markt Heidenheim–Oettingen–Nördlingen–Neresheim–Giengen–Nerenstetten–Ulm. Ostfildern 1999.
• Dies.: Jakobusweg II. Ulm–Oberdischingen–Äpfingen–Biberach–Steinhausen–Bad Waldsee. Ostfildern 1997.
• Dies.: Jakobusweg III. Bad Waldsee–Weingarten–Ravensburg–Brochenzell–Markdorf–Meersburg–Konstanz. Ostfildern ²1997.
• Graf, B. – Kaufmann, H.-G.: Auf Jakobs Spuren in Bayern, Österreich und der Schweiz. Rosenheim 1993. (Lit.)
• Herbers, K. – Bauer, D. R.: Der Jakobuskult in Süddeutschland. Kulturgeschichte in regionaler

und europäischer Perspektive. Tübingen–Basel 1995 (= Jakobus-Studien Bd. 7). (Lit.)

• Klein, K.: Der Kinzigtäler Jakobsweg. Wanderführer durch den mittleren Schwarzwald von Loßburg nach Schutterwald. Waldkirch 1994.

• Kniffki, K.-D. (Hrsg.): Jakobus in Franken. Unterwegs im Zeichen der Muschel. Würzburg 1992.

• Lipp, W.: Der Weg nach Santiago. Jakobuswege in Süddeutschland. Ulm, 2. überarbeitete Auflage 1997.

• Mathis, H. P.: Pilgerwege in der Schweiz. Schwabenweg Konstanz-Einsiedeln. Auf dem Pilgerweg nach Santiago de Compostela. Frauenfeld 1993.

• Unger, W. (Hrsg.): Auf dem Jakobsweg über Heilbronn nach Rothenburg ob der Tauber. Wander- und Kulturführer. Uffenheim 1995.

Hinweis

Eine Spezialbuchhandlung (Versandbuchhandlung) für den Jakobspilger mit monatlich aktualisierter Literaturliste und einer Fülle vorrätiger bzw. ständig lieferbarer Titel, darunter auch sonst kaum erhältliche Kleinschriften und Karten, betreibt Manfred Zentgraf, In den Böden 38, D-97332 Volkach; Tel. 09381-4492; Telefax 09381-6260; E-mail: Jakobspilger.Zentgraf@t-online.de.

Danksagung und Nachweise

Ich danke der Referentin für Spirituelle Bildung des Instituts für Fort- und Weiterbildung der Diözese Rottenburg-Stuttgart, Dr. Christiane Bundschuh-Schramm, für die Erarbeitung zahlreicher Texte; meiner Sekretärin, Angelika Riester, für vielfache Unterstützung; den übrigen Mitarbeiterinnen und Mitarbeitern für zahlreiche Anregungen, Hinweise und Hilfen; dem Leiter der Diözesanbibliothek Rottenburg, Georg Ott-Stelzner, für Unterstützung bei der Suche und Beschaffung von Literatur; dem Maler und Pfarrer i.R., Prof. Sieger Köder, Ellwangen, für zahlreiche Hinweise und Ratschläge; dem Direktor des Deutschen Liturgischen Instituts Trier, Dr. Eberhard Amon, für konzeptionelle Mitarbeit und für die Erstzusammenstellung des liturgischen Teils; den Mitarbeiterinnen und Mitarbeitern des Rottenburger Seelsorgereferats, PR Gerda Brücken und PR Erwin Wespel, gleichfalls für konzeptionelle Mitarbeit und für die Erarbeitung und Bereitstellung von Modellen und Texten, für letzteres auch PR Elisabeth Schmitter; dem Leiter des Cursillo-Hauses St. Jakobus in Oberdischingen, Wolfgang Schneller sowie dem Stuttgarter Geschäftsführer der ACK, Dr. Wolfgang Thönissen, für zahlreiche Hinweise und die Beschaffung mancher Texte. Ein ganz besonderer Dank gebührt schließlich dem Lauchheimer Künstler Paul Bernhard Groll für die grafische und layouterische Gestaltung sowie dem Schwabenverlag Ostfildern für vielfache Unterstützung.

Register

Alttestamentliche Lesungen

Psalmen

Neutestamentliche Lesungen

Gebete
(Pilgergebete, Jesusgebete, Gebetsrufe und Psalmworte, siehe S. 223–231)

Litaneien

Meditationen

Religiöse Lieder

Volkslieder

Jakobusgesellschaften in Deutschland

Es gibt inzwischen eine ganze Reihe von *Jakobus-Gesellschaften und Vereinigungen* in Deutschland, über die man Informationen und Kontakte bekommen und bei denen man natürlich auch Mitglied werden kann und über die für die große Wallfahrt nach Santiago auch der *Pilgerausweis (credencial del peregrino)* erhältlich ist, der für „reine" Fuß- und Fahradwanderer/innen zur Benutzung der Pilgerherbergen berechtigt und dazu auch unerläßlich ist. Aus diesem Grund führen wir hier die *Anschriften* an. – Das Europa-Zentrum betreibt die Beschilderung von Jakobswegen in der Interregio und bietet Weginformationen und anderes auch über Internet an; daher wird es hier gleichfalls genannt.

Deutsche St.-Jakobus-Gesellschaft e.V.
Harscampstraße 20, D-52062 Aachen
Tel. (02 41) 47 90-127

St.-Jakobusbruderschaft Düsseldorf e.V.
Rathausstraße 29, D-42659 Solingen

Fränkische St.-Jakobus-Gesellschaft e.V.
Keesburgstraße 1, D-97074 Würzburg
Tel. (09 31) 7 97 26-0

Santiago-Freunde Köln
Melanchthonstraße 24, D-51061 Köln
Tel. (02 21) 64 50 44

ULTREIA. Verein zur Förderung mittelalterlicher Jakobswege
Löwenstraße 61, D-70597 Stuttgart

St.-Jakobus-Pilgerweg e.V.
Ortsstraße 2, D-07338 Leutenberg/
Ortsteil St. Jakob (Thüringen)

Europa-Zentrum Baden-Württemberg
Nadlerstraße 4, D-70173 Stuttgart
Tel. (07 11) 2 43 93 67; Fax (0711) 2 34 93 68;
E-mail: europa_meyer@bigfoot.com
http://www.europa-zentrum.de

Textnachweis

Bibeltexte und Psalmen: Einheitsübersetzung der Heiligen Schrift, © 1980 Katholische Bibelanstalt, Stuttgart.

Die „Ständige Kommission für die Herausgabe der gemeinsamen liturgischen Bücher im deutschen Sprachgebiet" erteilte für die aus diesen Büchern entnommenen Texte die Abdruckerlaubnis.

27ff: © Gütersloher Verlagshaus, Gütersloh; 71: Karl Wolfskehl: Mit freundlicher Genehmigung der Deutschen Schillergesellschaft, Marbach; 71, 86, 123, 154, 185, 188f: Maria Menz, Gedichte. Gesamtausgabe in drei Bänden. Band 1, Gott–Schale–Schwelle, Jan Thorbecke Verlag, Sigmaringen 1981; 101: Christiane Bundschuh-Schramm: Weil du mich siehst. Rituale und Übungen, Gebete und Lieder, © Schwabenverlag, Ostfildern 1997; 132: Herbert Zbigniew: Gedichte, © Suhrkamp Verlag, Frankfurt am Main; 132ff: Dieter Barth: Jutta Schnitzler-Forster (Hrsg.), ... und plötzlich riecht's nach Himmel, © Schwabenverlag, Ostfildern ³1998; 153: Chajim Bloch: Chassidische Geschichten, © by Amalthea in der F.A. Herbig Verlagsbuchhandlung GmbH, München; 170: Nelly Sachs: Fahrt ins Staublose, © Suhrkamp Verlag, Frankfurt am Main; 185ff: Hanna Köhler: Jutta Schnitzler-Forster (Hrsg.), ... und plötzlich riecht's nach Himmel, © Schwabenverlag, Ostfildern ³1998; 187f: Marie Luise Kaschnitz, Was helfen dir noch die Gezeiten: Gesammelte Werke, Band 5, © Insel Verlag, Frankfurt am Main; 208f: Ina Seidel: Gedichte, Deutsche Verlags-Anstalt GmbH, Stuttgart 1955; 209f: Anne Enderwitz: Gabriele Miller (Hrsg.), Rosen in der Wüste. Ein Mosaik zu

Jesaja 40–55, © Schwabenverlag, Ostfildern 1996; 226ff: Hans Dieter Hüsch, Das Schwere leicht gesagt, alle Rechte im tvd-Verlag, Düsseldorf ⁴1997; 266f: Ulrich Schaffer: Ich hoffe, 26, Fotokunst-Verlag Groh, Wörthsee; 267f: © P. Franz Lauterbacher OSB, Salzburg; 268ff: © Bischöfliches Ordinariat der Diözese Rottenburg-Stuttgart; 272ff: Hilde Domin: Gesammelte Gedichte, © S. Fischer Verlag GmbH, Frankfurt am Main 1987.

Liednachweis

(T = Text; M = Melodie)
130: © ABAKUS Musik Barbara Fietz, Greifenstein; 206 (Kanon): © Bärenreiter-Verlag, Kassel; 102 M, 137, 145, 156: © by Gustav Bosse Verlag, Kassel; 65, 82, 136, 200: © Christophorus-Verlag, Freiburg i. Br.; 240 T: © Friedrich Dörr, Eichstätt; 212 T: © Georgs-Verlag, Neuss; 104 M: © Kurt Grahl, Leipzig; 98 (Kv): Verlag Haus Altenberg GmbH, Düsseldorf; 146 (Kv): Johannes Hengenvoort, Essen; 105 T: © P. Peter Michael Hermes OSB, Meschede; 80 T: © Klaus Peter Hertzsch, Jena; 135 M: © Interkerkelijke Stichting, Leidschendam; 116, 146, 166, 181 (jeweils Psalmmelodie): Gotteslob. Katholisches Gebet- und Gesangbuch. Stammausgabe, © 1975 Katholische Bibelanstalt, Stuttgart; 254 T, 255 T (4./5. Strophe): © Sieger Köder, Ellwangen; 104 T: © Claus Peter März, Erfurt; 97: © Verlag Merseburger, Kassel; 256: © 1977 by Musikverlag Gerhard Rabe, Köln-Rodenkirchen; 190 o./u. M: © Bernd Schlaudt, Waldems Esch; 253 T: Wolfgang Schneller, Oberdischingen; 190 o./u. T: © Heidi Rosenstock, Schwalbach/Ts.; 155: Abdruck mit Genehmigung